U0856538

世界高雅文化珍藏图鉴大系

币海拾贝

钱币

肖斌/编著

新世界出版社

图书在版编目（CIP）数据

币海拾贝：钱币收藏与鉴赏 / 肖斌编著 . -- 北京：新世界出版社，2018.9

（世界高雅文化珍藏图鉴大系）

ISBN 978-7-5104-6170-5

Ⅰ . ①币… Ⅱ . ①肖… Ⅲ . ①货币—收藏—中国②货币—鉴赏—中国 Ⅳ . ① G894 ② F822

中国版本图书馆 CIP 数据核字 (2018) 第 005543 号

币海拾贝：钱币收藏与鉴赏

作　　者：肖　斌
责任编辑：张杰楠
责任校对：姜菡筱　宣　慧
责任印制：王宝根　王丙杰
出版发行：新世界出版社
社　　址：北京西城区百万庄大街 24 号（100037）
发 行 部：（010）6899 5968　（010）6899 8705（传真）
总 编 室：（010）6899 5424　（010）6832 6679（传真）
http://www.nwp.cn
http://www.nwp.com.cn
版 权 部：+8610 6899 6306
版权部电子信箱：nwpcd@sina.com
印　　刷：北京市松源印刷有限公司
经　　销：新华书店
开　　本：787 × 1092　1/16
字　　数：350 千字
印　　张：15
版　　次：2018 年 9 月第 1 版　2018 年 9 月第 1 次印刷
书　　号：ISBN 978-7-5104-6170-5
定　　价：118.00 元

FOREWORD 前言

说起钱币，人们首先想到的肯定是财富。钱币在很多情况下都被当成财富的象征，这是没错的。不过，对于钱币的收藏，则不同于简单的对财富的渴望。古钱币作为古代遗物，承载着的还有文化。

如果在生活中说起古钱币，人们首先想到的往往是古代的那些铜钱或银锭。确实，在一些古装剧中，经常能够看到用麻绳串起来的铜钱，或者是木箱子中装满的白花花的银子，但古钱币收藏的种类并不局限于这两种。

在本书中，我们按照历史发展的顺序，对不同时期、不同类型的钱币进行了详细的介绍，其中有最早的钱币——贝币，还有之后的布币、刀币和圆钱。其中，我国使用了两千多年的圆钱是重点，因而对其按朝代进行了详细的讲述。

我国历史悠久，古代文明璀璨夺目。在这几千年的时间内，钱币的材质从贝壳、青铜到白银、黄金，甚至到后期出现了纸质的钱币，这都让钱币的收藏市场变得异常复杂。面对这些不同类型的钱币，刚刚接触钱币收藏的朋友常会感到疑惑：如何判断钱币的真

前言 FOREWORD

假？如何判断钱币的品质？本书除了对不同类型的钱币做了介绍外，还对不同钱币的鉴别和判断做了具体分析，希望朋友们在读过本书后，自身判断钱币真伪及其品质的能力能够得到增强。

正所谓“冰冻三尺，非一日之寒”，钱币的收藏是一门比较精深的学问，要想练就一双“火眼金睛”，就必须不停地观察和鉴赏钱币，积累相关的经验和知识。当具有了丰富的知识和经验后，进行钱币收藏和投资才能无往不胜。

币·海·拾·贝

钱币收藏与鉴赏

CONTENTS 目录

币·海·拾·贝

钱币

收藏与鉴赏

目录 CONTENTS

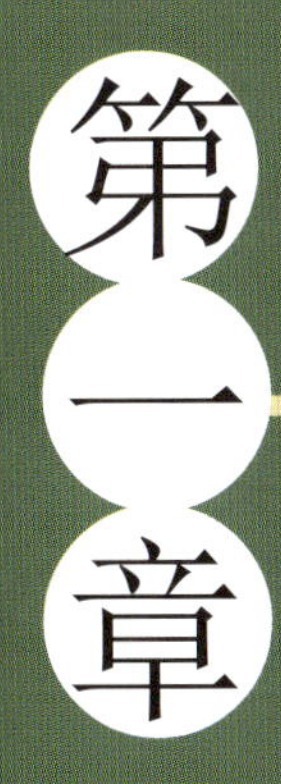

钱币的前世今生

我国古代的钱币拥有悠久的历史，在这期间出现了许多不同的钱币种类，钱币是中华文明的优秀文化遗产。我国几千年的货币文化都集中反映着国人的工艺水平和智慧，同时，也体现着东方文化的独特魅力和精神。

钱币的发源

◆ 铜钱

“钱”是“货币”的俗称。

可是“钱”这个称呼是如何来的呢？在远古时期，货币还未出现，人们进行商品交换时，常使用物物交换的方式进行交易。据历史文献记载，早在新石器时代晚期，已经出现了“物物交换”的形式。

但“物物交换”的形式非常不方便。例如：有肉的想换取粮食，而有粮食的人却需要鱼而不需要肉，有鱼的人却想要布，几个人的需求都不是对等的，交易便无法进行。这种情况也促使了“一般等价物”的出现。最开始作为一般等价物作用的是

◆ 布币

活牲畜。但是牲畜大小、肥瘦、雌雄、健病各有不同，而且不易携带、保管。

随着经济的继续发展，人们开始用质量不变并便于携带的物体作为媒介进行交易，如奇异的贝壳、兽骨、果实、皮毛、盐，都曾经作为一般等价物进行交易。这类等价物有易于损耗且不便于加工的缺点。

在使用谷帛当作一般等价物的时候还曾经出现过“湿谷以要利，作薄绢为市”的投机现象，因为这种商品很容易出现不同的品质，因此价值无法保证。随后人们使用武器和生产工具等实物当作一般等价物，进行商品交易。

我国古代有一种农具，它的名字就叫“钱”，人们以它的形状铸造了各种样式用以区分不同的价值。由于便于携带、保管，还可以加工成不同的样式，便于商品交换，因此便长期作为交换媒介物，因而货币也就通称“钱”了。

◆ 古代的钱范

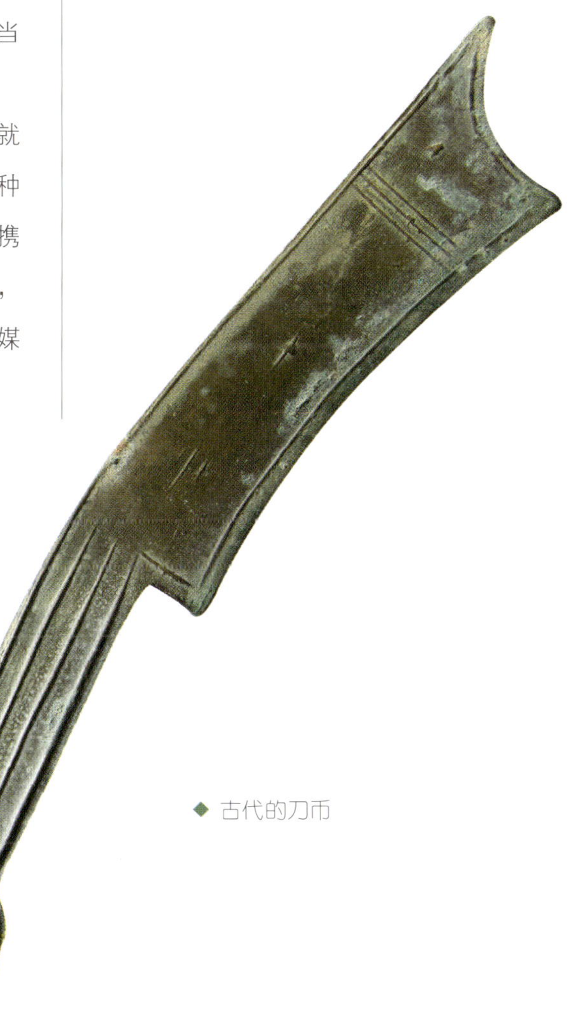

◆ 古代的刀币

◆ 通宝钱

“钱币”有广义与狭义之分：广义的钱币是指充当一般等价物的特殊商品，主要包括金属铸币和纸币，另外厌胜钱、供养钱也属于钱币。一般说来，贝、龟、珠、玉、石、骨、蚌、皮以及牲畜、粮食、布帛等都属于自然物商品货币，不属于钱币的具体种类。狭义的钱币则仅仅指金属铸币，现代钱币学界一般持这种看法。

◆ 古代的布币

◆ 方孔铜钱

“币”在先秦的时候，原意是指作为礼品的帛，即“币帛”；最终引申之后变为礼物资财的通称，常见的有“皮币”等。不过《国语·周语下》当中记载的周景王时单穆公提到的“币”的意思也是货币。“钱币”作为合称使用最早始于《汉书·食货志》“议更钱币以澹用”。在中国古代，“钱币”通常都是“货币”的代称，钱币的使用范围是非常广泛的。

从时间上来说，中国古代钱币最早始于商朝的金属贝币，结束于清末光绪时铜铸方孔圆钱被机制圆钱代替。商朝之前使用的珠、贝等自然物货币，只是货币的起源；光绪以后虽然还有个别的方孔钱，但数量已极少了。

专家解析

南宋皇帝理宗赵昀在位期间，铸造了宝庆、大宋、绍定、端平等15种钱币。其中“大宋”钱文的国号钱分为元宝与通宝两种，钱文都使用楷书铸造。

钱币的种类

我国的钱币经历了漫长的历史演变，钱币类型从贝壳到纸币，发展出了多样化的货币种类，可以按照各种不同的标准进行划分。以下为一些常见的划分标准：

按历史时期划分：可分为先秦钱币、秦汉钱币、三国两晋南北朝钱币、隋代钱币、唐代钱币、五代十国钱币、宋代钱币、辽西夏金钱币、元代钱币、明代钱币、清代钱币、近现代钱币、当代钱币等。对于一些国家分裂的时期，则可以细分成每一个国家的货币。

按性质划分：可分为流通钱币与非流通钱币。流通钱币一般都是在商品交换中具有流通职能的货币；非流通钱币则主要指花钱，并不具有流通的功能，只是带有钱币的形态。

按材质划分：可分为金属钱币与纸币。金属钱币又分为金银钱、铜钱、铁钱、铅钱、金银币、铜币、镍币、铝币、铅币等。纸币种类丰富并有许多不同的名字。

按形制划分：可分为贝币、布币、刀币、圜钱、方孔圆钱等。一种具体的形制还可以分出许多小种类。

◆ 秦半两

◆ 铜钱

◆ 铁钱

按名称划分：可分为纪重钱（铸有重量）、纪值钱（铸有价值或对银比价）、年号钱（铸有皇帝年号）、国号钱（铸有国号）、纪年钱（铸有铸造年份）、纪地钱（铸有铸钱局或地点）等。

按价值划分：可分为实钱和虚钱。实钱是指货币的价值和本身材料价值非常接近的钱币；虚钱又称大钱，是钱币代表的价值大于本身材料价值的钱币。

按国别划分：可分为中国钱币、外国流入中国的钱币、外国在中国发行的钱币等。

◆ 年号钱

钱文

钱文的含义

在钱币上铸造或雕刻的文字、符号、纹饰称为钱文。最早出现的钱文是战国时期的楚国郢爰金版，金版的正面刻“郢爰”二字。最早的少数民族钱文则出现于魏晋南北朝时期的龟兹五铢上。另外，唐代的突骑施汗国钱，辽代的契丹文钱，西夏的西夏文钱，元代的八思巴文钱、回鹘文钱，清朝的满文钱、回文钱上都有少数民族钱文。另外还有一些古钱币文字专用术语：

面文：出现在钱币正面的钱文。

背文：出现在钱币背面的钱文。

合背：因铸造失误，将钱币背面也铸成正面。两面的文字如果相同，则称为两面同文。

合面：因铸造失误，将钱币正面铸造为背面。当两面都没有文字时则称为两面无文。

重文：还有名为叠文、复文，通常是因为铸造的时候重复压制并移位最终导致了钱文的重叠。

传形：钱文反书或者是左右移位。

背逆：钱币正背面图文移位，最终效果不对称。

对钱：又叫符合钱，是指同一种钱币的面文用两种书体构成。

三体书：则是指同一种钱币的面文用三种书体构成。

套子钱：指成套的同文钱币。

御书钱：由皇帝书写钱文的钱币。

◆ 古钱币纹饰

日：也叫日纹，是指钱币正面或者背面的圆圈图案。

月：也叫月纹、指甲纹，是出现在钱面或背上的一种月牙状圆弧。圆弧向上叫仰月，圆弧向下叫俯月，侧立的圆弧则称为斜月，月文中带星的叫孕月。

星：也叫星纹，指铸在钱面或背上，整体为星状的圆点，通常分布在孔的周围。清朝机制币上的星纹叫花星，图案则有梅花、菊花、米字、十字、六瓣等许多图案。

◆ 钱币的面文

◆ 钱币的背文

云：也叫云纹，是指在钱币背面的云形纹饰。

直纹：也被称为竖纹，主要指布币、刀币上的线条。

决纹：是一种从内孔向外辐射的斜纹。四个角沿对角线方向，均向外辐射出的叫四决纹、四决。

出纹：指由内郭之角向外辐射到外郭的多个线条。四个角沿对角线方向，并且和外郭连在一起的称为四出纹、四出。若有的钱币无内郭，从穿角到外郭之间有凸起线条，也叫出纹。

◆ 刀币的直纹线条

钱文的阅读

古钱币的钱文书写习惯和古人的文字书写习惯基本相同，常见的钱文读法可以总结为以下几种：

顺读：也叫顺读、对读，按照上下右左的规则进行阅读，这种阅读方式非常常见。始见于新莽的泉货六品，直至元、明、清时期的钱币。

旋读：也叫环读、回读，阅读的顺序是上右下左的顺时针方向或先上左，后下右的逆时针方向进行阅读。通常将顺时针的阅读方式称为右旋读，逆时针阅读的方式称为左旋读。宋朝钱币的钱文读法一般都是旋读，元朝后的钱币则不使用旋读的方法。

横读：阅读的顺序分为从右向左或从左向右。通常采用自右向左阅读顺序的钱币多是钱文为半两、五铢的钱币。自左向右读钱文又称左读，是左读五铢和传形半两、五铢、货泉等二字钱文的读法。

◆ 顺读的钱文

◆ 旋读的钱文

◆ 横读的半两钱

◆ 小篆钱文

钱文书体

古钱币的钱文采用多样的书体，这也凸显出了我国书法艺术的魅力，许多钱文出自名家，因此具有很高的研究和收藏价值。

◆ 甲骨文、钟鼎文

先秦钱币使用的书体为甲骨文和钟鼎文，展现了古文字坚挺、古朴、自然的美感。先秦时期因为文字并不统一，诸侯列国均铸有钱币，蚁鼻钱（鬼脸线）、布币、刀币、圜钱上的钱文都是有简有繁，风格各异。

◆ 小篆

秦统一中国后，丞相李斯将旧的大篆文字简化后改为小篆。小篆也称秦篆，字体狭长而笔画匀称。秦“半两”钱的钱文是小篆“半两”二字。小篆一直持续使用到魏晋南北朝时期。小篆按照笔画的形态分为悬针篆、玉箸篆、薤叶篆等不同的类型。新莽钱币的钱文书体属于悬针篆，笔画类似悬针，非常精美、细致。北周钱币的钱文书体则是玉箸篆，雕刻的笔画类似玉箸，纤柔匀称。南朝刘宋钱币的钱文书体是薤叶篆，笔法优雅且工整。

钟鼎文钱币

◆ 隶书文“开元通宝”

◆ 隶书

隶书体的钱文最早出现于十六国时期。如十六国时期成汉李寿铸的“汉兴”钱，面文“汉兴”两字均使用隶书书写。唐代钱文中的隶书最早出现于“开元通宝”钱上，钱文由书法家欧阳询撰写。五代十国至北宋的一些钱文也使用隶书书写。

◆ 宋体

从南宋淳熙七年（1180年）的淳熙元宝起，钱文统一使用宋体字，文字秀丽且古朴厚重。

◆ 宋体字“天启通宝”

第二章

多姿多彩的先秦钱币

先秦时期货币的主要类型包括贝、刀、布、圜钱、蚁鼻钱（鬼脸钱）等。虽然先秦时期因为冶炼工艺水平不高，烧制的钱币通常都比较粗糙，但是因为钱币类型多种多样，让收藏者产生了鉴赏和收藏的强烈兴趣。先秦时期的钱币魅力也正在于此。

贝币

贝币是我国最早出现的货币。贝的外观光洁美丽，可以用于装饰，而且坚固耐用，携带方便，进行计数也很方便，因此我国在很长的时间内都使用了贝作为基本货币。一个名为“遽伯彝”的青铜器上雕刻的铭文中记录了“遽伯作宝尊彝，用贝十朋又三朋”的事。意思就是青铜器的所有者花费了 13 个朋贝制作了这件青铜器。朋是贝的单位，每 10 枚海贝为一朋。

随着经济的发展，贝作为货币，其数量已经不能满足人们的需求，于是，先秦时期又出现了陶贝、石贝、骨贝、玉贝等贝形状的货币。

在贝币中价值最高的是玉贝，古玉贝的价值可以达到几十元到几百元不等，天然贝币价值最低，1 枚普通天然贝币市场价只要 6 元左右，骨贝币最多也就十几元，石贝币通常为几十元。

◆ 早期的天文包金贝币

◆ 无文铜贝

无文铜贝

模仿海贝造型铸造的铜贝做工精美，这种贝的空腹有贝唇，两侧也有一道齿纹，通常带有齿纹 9~14 对。铜贝的尺寸一般为 33 毫米长、23 毫米宽，重量（现称质量，但本书为与表示钱币品质的质量加以区分，仍沿用重量一词，下同）一般为 6~7 克。出土的主要地区为黄河中下游的三晋、齐鲁等地区，铸造的时期为春秋中晚期。河南辉县、山西侯马、河南洛阳、山东曲阜、山东淄川等地都曾发现无文铜贝、包金贝等。

小的无文铜贝为 20~40 元，大的铜贝则有 30~80 元，特大型全品定为 4 级，市场价可以达到 200~600 元。伴随着铜贝的出现，铅贝币也随之出现，完整的铅贝币价格可以达到 60~150 元。

◆ 春秋时期的铜贝币

◆ 成串的贝币

◆ 夏家店贝币

◆ 骨贝币

◆ 有文贝币鬼脸钱

◆ 楚国有文贝币鬼脸钱

有文铜贝

有文铜贝的形制不太整齐，通常为一边圆而另一边尖，铜贝的正面凸起，背面为素面或者是稍有凹陷，尖端有或透或不透的穿孔。正面铸刻阴文，内容有“哭”“套”“君”“行”“匀”“忻”“金”“只”“匕”等10余种。最常见的为“哭”文，这种钱币的字形与穿孔组合而成的图案非常类似一张丑陋的脸，故俗称“鬼脸钱”。另外还有人称呼其为“蚁鼻钱”，洪遵的《泉志》当中就记载了这个名字。至于这个名字的由来却众说纷纭，有人说铜币上的“案”字粗看之下极像蚂蚁；另外还有说法，“蚁鼻”其实是“一贝”的音转。“哭”字旧释晋、贝等，此外还有人将其解析为巽、郢。

有文铜贝的长度为10~21毫米，宽度通常为7~17毫米，重0.5~7克，其中最轻的仅有0.1克。铜贝的发展趋势是实心化、轻小化、圆形化。早期的重量常可以达到4~5.5克，中期的重量为3~4克，晚期的重量常低于3克。有文铜贝的主要发行区域为江汉淮泗流域的楚国势力范围，具体说来，就是现在的湖北、湖南、安徽、河南、江苏、山东等地，货币的流通时间为战国时期。20世纪80年代，湖北云梦楚王墓当中也挖掘出了几十枚铜贝，当中还可以看到“哭”“棠”“忻”等雕刻字样，还有一些无文的铜贝，流通的时间从春秋末期一直延续至战国早中期。

在青海大通上孙家寨卡约文化晚期的遗址当中也曾经挖掘出了几十枚无文黄金贝，其时代约为西周春秋时期。1974 年在河北平山中山国王墓出土了数枚无文银贝，1984 年在河北灵寿岔头村战国早期的中山国墓当中挖掘出了数枚无文金贝，另外在安徽阜阳地区曾经发掘出了楚国“哭”字有文铜贝。

◆ 有文铜贝

刀币

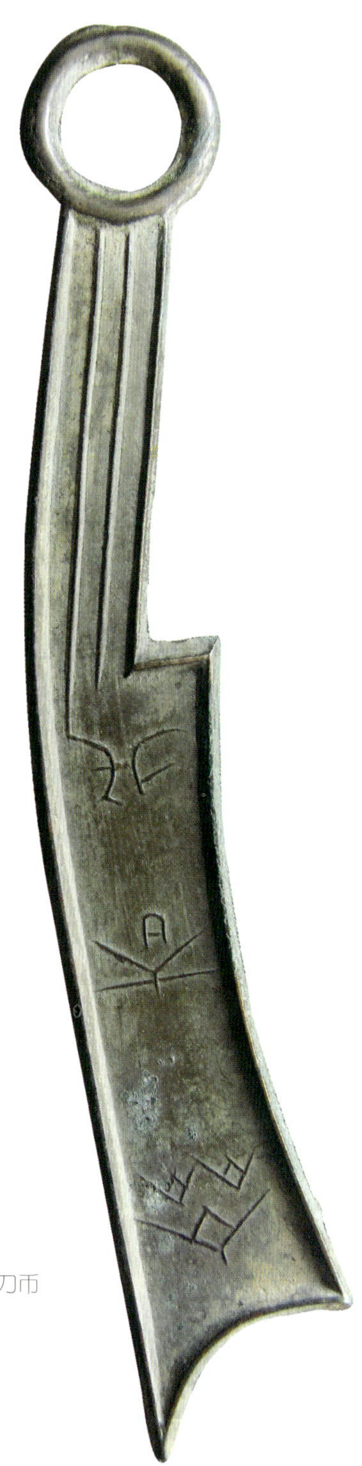

◆ 早期货币刀币

刀币是一种外观为刀的形状的早期货币。刀币可分为锐锋刀、尖首刀、截首刀、斩刀、大刀、直刀等。

刀币一直都是先秦钱币的主要类型之一，起源于春秋战国时期，出现时间略晚于布币。刀币是从先秦时期的北方游牧民族山戎、北狄等渔猎使用的捕鱼刀具“刀”“削”经过演变最终形成的，流通于春秋战国的齐、燕、赵等国。刀币的形制不一，铭文的内容则有数字、干支、五行、地名、币名等。

刀币还被称为刀化，因为原型是手工的刀具，因此包括刀首、刀身、刀柄、刀环等若干部分。我们通常用刀首来进行刀币类型的划分。

◆ 战国光首刀

刀币以“齐大刀”的质量最好、品质最优良，按照刀上文字数量的多寡，可分为“三字刀”“四字刀”“五字刀”“六字刀”，最著名的就是“六字刀”，文字内容为“齐返邦长法化”。传说这种刀币是齐襄王破燕复国而锻造的纪念货币，世上仅存数十枚。另外考古发现的情况也很奇异，那些最终挖掘出土的齐大刀通常是窖藏，并不深埋于古墓之中，至今未解是何缘由。

铸造刀币的主要地方在燕国和齐国，燕国最著名的是锐锋刀、截首刀、斩刀和尖首刀，市场价格高达 1 万多元，价值较低的仅有 20 元左右。一般根据形状和文字定价，有文刀因为数量多而价格低，有些无文刀反而贵，1 枚价格常可以达到 500~800 元。

刀币当中有一种赵国铸的“直刀”，市场价为 8000~30000 元。

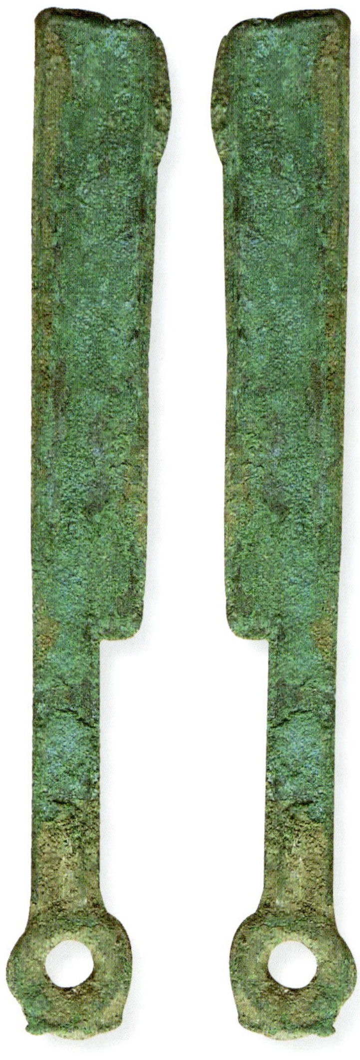

◆ “晋阳新化”直刀

齐刀

齐国铸的刀币主要类型有齐刀、即墨刀、安阳刀，刀上刻有文字“齐法化”“齐之法化”的是“齐刀”；文字内容为“节墨之法化”的刀就是“即墨刀”；文字内容为“安阳之法化”的就是“安阳刀”。齐刀较为贵重，普通的要数百元，珍稀罕见的要数万元，多数都在几百元到几千元。

◆ 齐国“齐法化”背草

齐刀的特点就是庞大而厚重。首部与刀身宽度基本相等，首端不太尖锐。刀首、刀刃和刀背都呈现为弧形，四周常见明显的轮廓凸起，高度通常为3~4毫米，有圆形刀环。刀币和实用刀具的差距是很明显的，可能是从尖首刀的一支分化演变而来。柄面部有直纹二道，面文通常包括地名或国名和“之法化”“法化”的字样。“法化”即“法货”，意思就是国家的法定货币，类似于民国“法币”的含义。背部近首端有三条平行的纹路，下有镞形纹饰，曾经有人解析为“三十”，寓意是1枚齐刀可以兑换30枚匽刀的意思；柄部也有直纹二道，背面常有文字“二”字。后来还发现了铸造用的陶范、石范和铜范母，证明那个时候已经采用了叠铸工艺技术。

◆ 齐国“齐之法化”背上

◆ 齐国“安阳之法化”背“日”断脊齐刀

不同时期的齐刀有不同的名称。断脊齐刀，为早期的齐刀，面文的构成为地名或国名和“之法化”（或释为“之大化”，不确定）组合而成，例如“节（即）墨之法化”，长 180~190 毫米、重 51~61 克。背文“辟封”“安邦”“大行”“法甘（昌）”“甘（昌）”等。

不断脊齐刀是晚期的齐刀，面文的文字构成为地名或国名加“法化”（或释为“大化”）。例如“齐返邦长法化”，或释“返”为“建”“造”。“返邦长”的意思是复国之君，通常我们认为这是齐襄王驱逐燕军之后复国的纪念币；“建邦”“造邦”则被解释为田氏代齐，兴建新邦。

此外还有文字为“节墨法化”者，也分为断脊和不断脊，属于一种最小的齐刀，长 140~160 毫米、重 33~35.5 克，属于早期和晚期的过渡类型。一般将面文为“簟邦”（或释“莒邦”）开头的残刀也归入齐刀范畴。

◆ 齐国“齐返邦长法化”背“日”

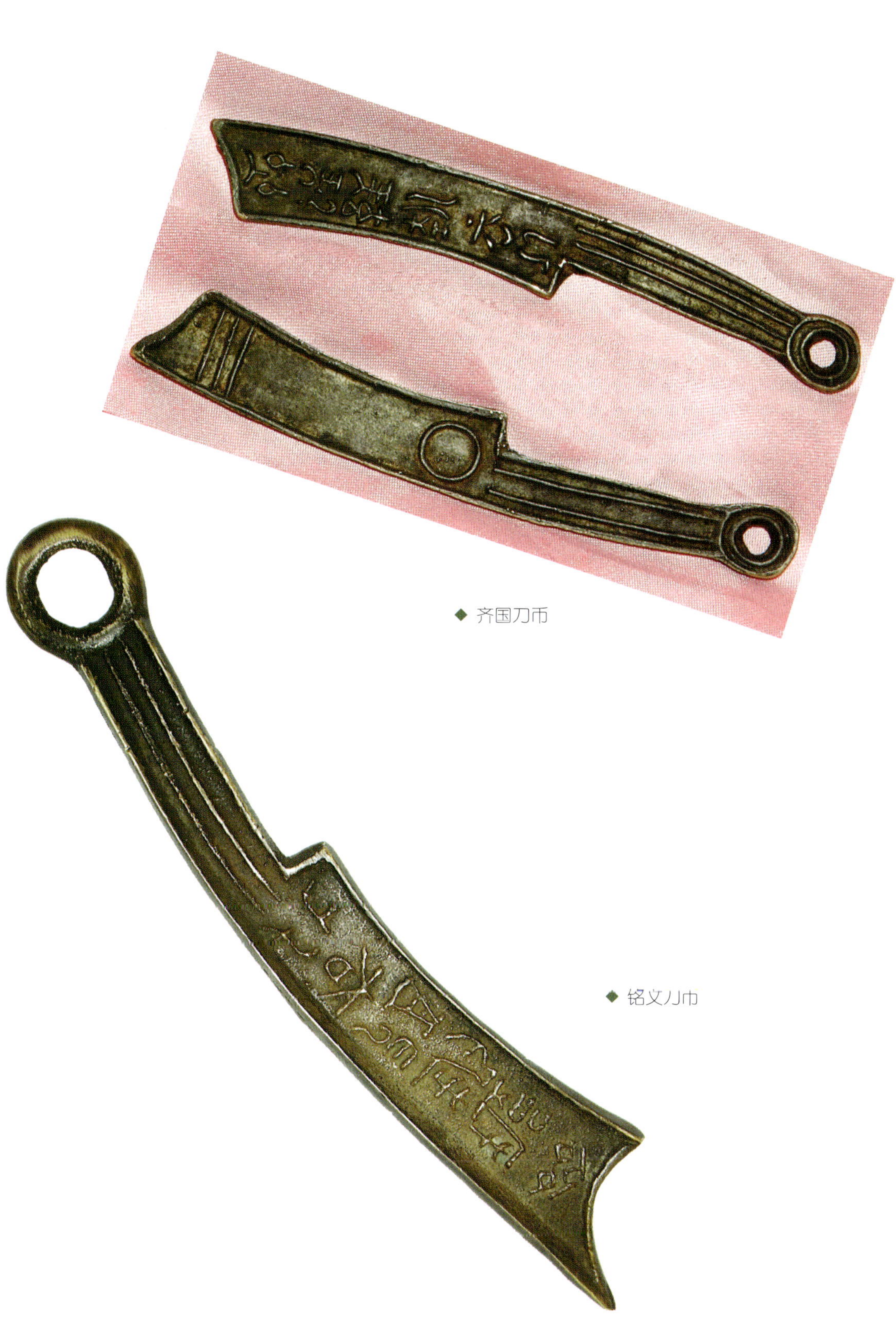

◆ 齐国刀币

◆ 铭文刀币

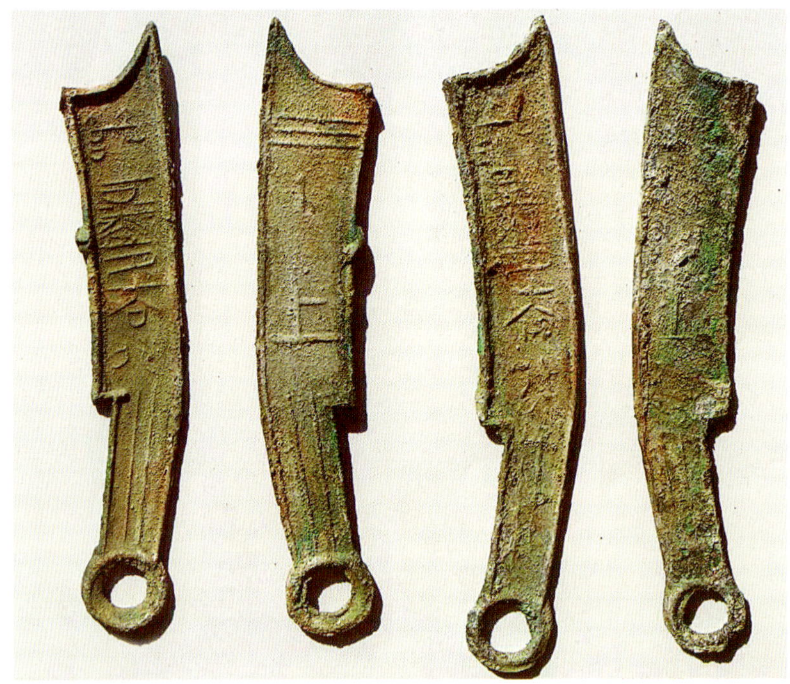

◆ 齐国六字刀币

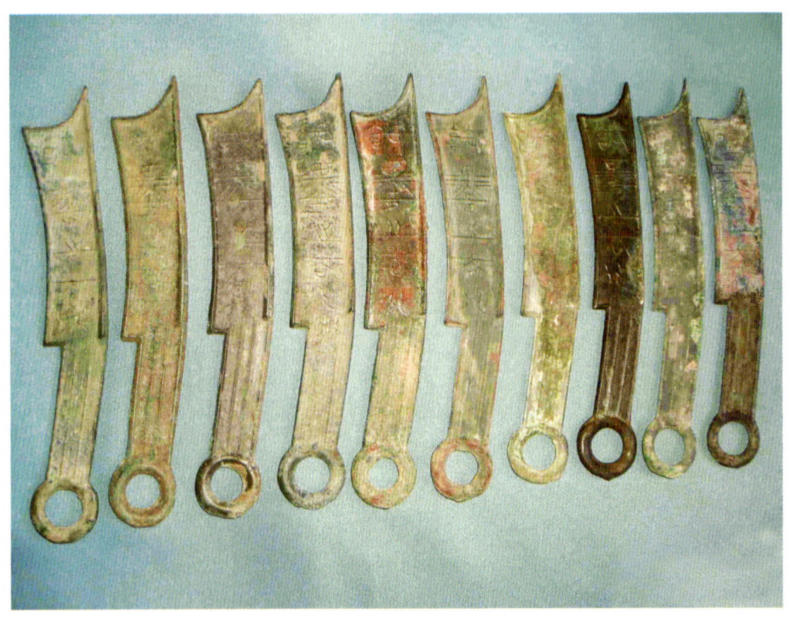

◆ 整齐排列的刀币

尖首刀

尖首刀主要流通于燕国，刀身长短不一，刀首锐利，弧背，凹刃，刀身略有凸起且有边廓，中断于与柄相交处，刀上雕刻的铭文有“王”“囚”“上”“父”等字，刀的柄较细，且有一定的弧度，柄面背多有两条或者一条纵线，刀环的形状通常为圆形或椭圆形。与当时的日常工具刀削形状非常相近，可见其由刀削演变而来。曾经在北京延庆军都山墓地当中还同时出土了青铜刀削与尖首刀。刀上通常无文字或者是仅有一、二字。有“一”“三”“五”“六”“七”“八”“九”“巳”“亥”“行”“化”“大”“吉”“丘”“卜”“年”等上百种类型，有一些文字，像“受”“褓”等，寓意较难解释，有人认为是戎狄的族徽。

◆ 尖首刀

◆ 战国“行”“背”大型针首刀

◆ 燕国小型针首刀

针首刀

针首刀是仿照尖首刀进行铸造的，其刀首尖锐如针。针首刀的刀首有较大的弧度，而且刀的整体单薄，有突起的郭和铭文。常见有 30 多种，而且刀柄整体较细，柄面铸有两道竖纹，柄背有一道竖纹，在柄处中断，刀环较小，为椭圆或圆形。

明刀

明刀是由尖首刀演变而来的，铸有“OD”符号，非常类似古汉字的“明”，因此得名。明刀根据形制的不同，分为弧背刀和方折刀。

弧背刀还被称为圆折刀，体形较大，刀首比刀身宽，弧背、凹刃、刀身圆折，刀身与刀柄的连接处呈弧形，刀柄上的直纹直至刀身。铭文的内容有“燕”“左”“右”“内”“外”“中”等。

方折刀还被称为磬折刀，形体较小，直背、直刃、刀身方折类似古磬。铭文内容有“工”“左匿下”“右邑”“匽八”“匽邑外炉”等。

直刀

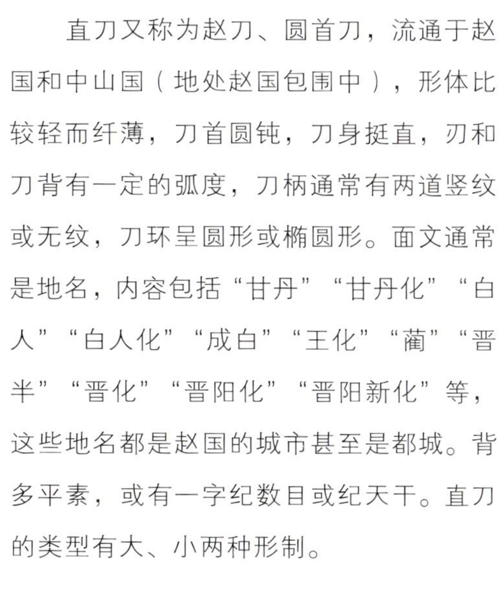

直刀又称为赵刀、圆首刀，流通于赵国和中山国（地处赵国包围中），形体比较轻而纤薄，刀首圆钝，刀身挺直，刃和刀背有一定的弧度，刀柄通常有两道竖纹或无纹，刀环呈圆形或椭圆形。面文通常是地名，内容包括“甘丹”“甘丹化”“白人”“白人化”“成白”“王化”“蔺”“晋半”“晋化”“晋阳化”“晋阳新化”等，这些地名都是赵国的城市甚至是都城。背多平素，或有一字纪数目或纪天干。直刀的类型有大、小两种形制。

◆ 战国直刀

◆ 大型直刀

钝首，刀身略弧。刀体的长124~150毫米，重8.8~15.3克。面文为“甘丹”“甘丹化”“白人”“白（柏）人化”“白（柏）化”“王化”“白”“成白”“城”等十几种。“甘丹”即“邯郸”，在今河北邯郸的西南方向；“白（柏）人”，在今河北隆尧；“白”的原文为“白人”。这些地方原来都是赵国的属地。但“成白”刀例外。20世纪七八十年代，在河北灵寿县中山国灵寿故城内曾经挖掘出了成捆的“成白”直刀，共计1501枚；还在故城内发现“成白”刀石范，可以推断“成白”刀极可能是中山国铸币。所以将这种直刀称为“赵直刀”是有些不准确的。

◆ 直刀

◆ 直刀（一对）

六字刀

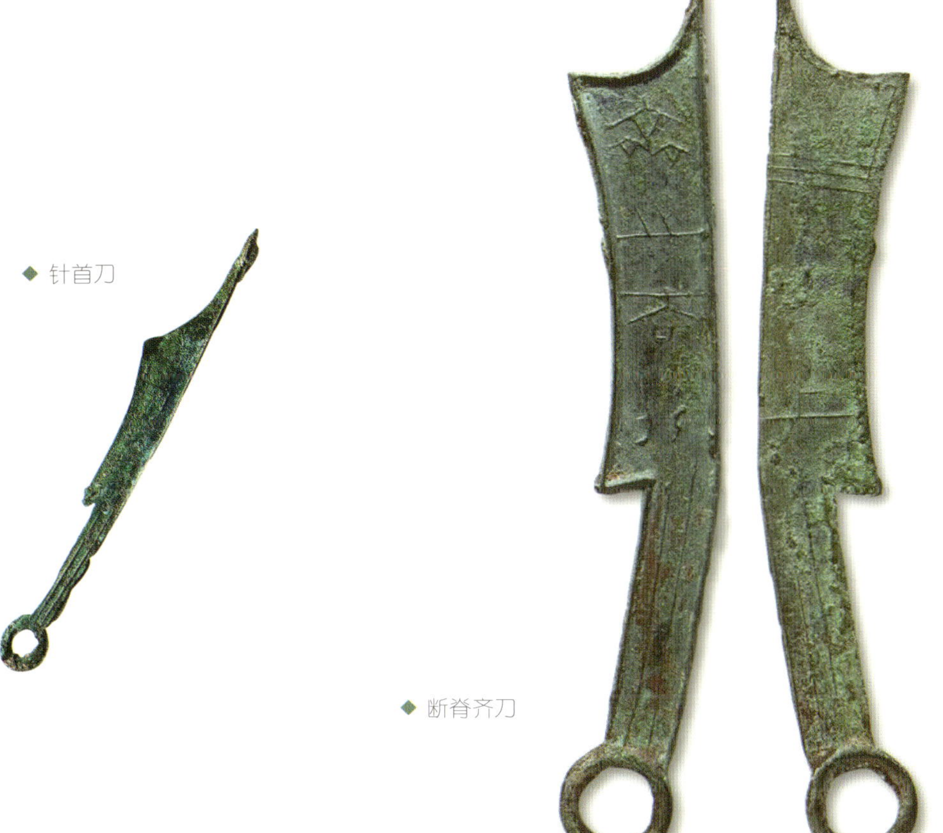

针首刀

断脊齐刀

◆ 小型直刀

刀的形状通常为钝首或方首，刀身一般为平直状，个别稍微有点弯曲。长 92~110 毫米，重 3.5~8.2 克。面文“言（固）易辛（新）化”“言（固）易化（匕）”“言（固）化（匕）”“言（固）半”。“固易”旧释“晋阳”，在今陕西神木地区。个别面文“阴”，意为“蔺”，在今山西离石。这些地区都属于当时的战国赵地。

大型的直刀更接近祖型，因此制造的时间也更早；小型直刀可能是由大型直刀发展而来。大型直刀中的“成白”可以确定为中山国货币，“白（柏）人”“白”的名义与“成白”或有联系，当时的中山国族就属于白狄。据此推测直刀和北方游牧民族有着密切联系。

◆ 晋阳新化直刀

布币

布币的造型来源于一种青铜的铲形农具镈，而且该种农具和布的读音相同，因此这种钱币得名为“布币”。布币按照形状的不同可分为空首布和平首布两大类。

布币初期无文，后来才出现了铭文。早期的布币都是空首，即銎部空心，因此可装柄，做成实首，后来改为平首，其肩和足的形制上不同。空首布币身较薄，均用泥范铸造，旋铸旋废，具有柄长且有无规则穿孔的特点，币身上往往留有流铜与毛刺棱角，布面上有三条直或斜直的脊线，绝大多数为春秋时期产品。

◆ 布币

◆ 无文布币

◆ 大型尖足空首布

春秋、战国早期的布币通常为空首形，加木柄后就成了小铲子，随后生产工具的功能便被货币功能所取代，由于空首布铸工复杂、造价高，因而逐渐被舍弃，布币改为扁平的实首，外观则改为平首布，货币的体型也向轻和小的方向发展了。平首布的类型较多，主要有魏国的圆跨圆肩平首布、圆跨方肩平首布；赵国的中小型耸肩尖足平首布以及圆首圆肩平首布和平首方肩方足布。圆首布当中还有三孔布的钱币，钱币的首、肩、足部分都是圆的，布首与两足的区域各有圆孔一处，钱面上有纪地文字，钱背上有纪重文字，形态有大小两种，重的钱币为“一两”，轻的则为“十二铢”，轻重的比例为2∶1。这种布币的出土量很少，总数不过几十枚，通常铭文都不同，交易价格可达数万元之巨，可谓先秦钱币第一珍品。

◆ 小型尖足空首布

◆ 铭文布币

先秦的平首布当中最珍贵的无疑是平首圆足的“三孔布”，这种布币具有圆首、圆肩、圆裆、圆足的特点，首部及两足上也有穿孔，因此得名“三孔布”。对于该种布币的归属还没有明确的说法，三孔布形制奇特、铸造精工、品相端美，出土和传世的量也很少，是先秦古钱币中难得的珍品。

◆ 安邑二斩背安桥档布

现在，钱币市场上空首布的售价高达几千元，甚至数万元，几年之前的嘉德春拍古钱币专场上，曾经有1枚“日、寻、工”字样的小型耸肩尖足空首布，估价高达36万元，最终以1232万元的高价卖出，此外还有1枚字样为“东周”的平肩弧足小型空首布，估价为12万元，最后以高出最高估价的5倍价格拍出。

◆ 战国“武阳”三孔布

◆ 战国“四布当忻”

空首布

这种布币的首部中空呈銎状，很像实用的农具，为布币的早期形状，到清朝才被确定为钱币。现在已经发掘的空首布总量已经达到6000余枚，通常依据足裆部形状不同，分成弧足空首布和尖足空首布两小类。这两种布币的差异非常明显，来源尚未确定，起源时间也不能确认先后。分布的区域主要有两周（王畿）及郑、晋、卫地域，流行时间开始于春秋晚期，最早的发源时间开始于西周晚期。

◆ 战国“上”字斜肩弧足空首布

◆ 弧足空首布

通常底部内凹成弧形。体形厚重，銎也很长，币内有范芯，钱币正面有三角形支钉孔。钱币的下半部分通常比较宽，少数上下等宽，有周郭。两周及郑地（洛阳及其附近的孟津、新安、宜阳、伊川、汝州、偃师、登封一带）出土这种布币比较多。按照不同的肩部形态可分为：

1. 平肩。弧足较浅，这种样式的布币可分为三种。

（1）特大型，也就是所谓的“原始空首布”钱。短銎，有不规则的形状，通常类似铲形农具。最大者通长 160 毫米，有的无面文，有的有面文，有“山、六、上”等。最早的出现时间在春秋初年，也可能在西周晚期。

◆ 弧足空首布

◆ 特大型平肩弧足空首布

（2）大型，长銎，面背通常有三条直纹。长 80~100 毫米，重 33.1~44 克（带范芯）。1970 年，在河南伊川出土 753 枚空首布币，其中 604 枚为大型。流行于春秋晚期，并一直延续到战国早期。钱文通常正面和背面各一个字，个别二或四字。多属地名即城邑名称，其中“周”“成”“王”“王氏”“邬”“甘”“由”“丘”等字样的钱币是周朝属地，“智”“屯”“留”“亘”等十多种字样的钱币属于晋，此外还有一些货币来源于郑、卫等地区，大约有 70 种。另外还有数目、干支，以及“金”“木”“火”“土”“水”等五行，“上”“下”“左”等方位类，“大”“吉”“羊”“富”等吉语类，“化”“货”“斤”“鬲”“禾”“田”“卜”等记录的内容。

（3）小型，长銎，面背均有三直纹。长 63~74 毫米，重 15~18 克（带范芯）。1971 年，曾经在河南新安牛丈村出土过 401 枚布币。布币的铸行时间在战国早期之前，一直沿用到了战国的晚期。面文通常是地名，以“安臧”最为常见，另外还有“东周”“安周”等，基本都属王畿。

◆ 平肩弧裆空首布

2. 斜肩（或称削肩、垂肩）。弧足较深。按照个体大小还可分为两种。

（1）大型，短銎，面有二斜纹，背有一直二斜纹。长 73~88 毫米，重 22~27.2 克（带范芯）。面文有“卢氏”“武”“三川斩”等内容。1980 年，曾经于河南宜阳花庄村挖掘出 1789 枚布币。这种布币多出现于春秋晚期，沿用至战国早中期。

（2）小型，长銎，面有二斜纹，背有一直二斜纹。长 45~70 毫米，重 18.5~22 克。面文通常都是地名，如“武”“武安”“卢氏”“武哥（爰）”“三川斩”等。这种布币主要出现在战国时期。

平肩特大型的铸造时间最早，平肩大型和斜肩大型、平肩小型和斜肩小型所处的时间基本相同，相邻各式间可能有一段时间共存。这也从一个侧面证实了单穆公口中的“母权子而行”（《国语·周语下》）的情况。

◆ 斜肩空首布

◆ 斜肩弧足空首布

◆ 尖足空首布

这种布币的特征为尖足、耸肩、方裆或圆裆。外观特点为长体、长足，体形较薄，銎细长且銎有穿孔，銎内有范芯，正面和背面各有三条直纹。钱体下部外撇，有周郭。主要铸造地区为晋国和卫国，流通于春秋晚期到战国早期。通常不铸刻文字，旧谱称“无文大布”。按个体大小分为两种。

（1）大型。币身长 130~197 毫米，重 34~37 克（带范芯）。1959 年，曾经于山西侯马牛村古城，在属于春秋晚期文化层中发现了许多空首布内范，并发现 12 枚空首布，其中有 1 枚尖足空首布中有 5 个文字。

（2）小型，和大型的外观相似，通常没有直纹，背部为素面。币身长 117~125 毫米，重 15~31 克（带范芯）。1963 年，山西侯马牛村古城曾经出土了 1 枚面文为“幺金（邑金）”的布币。1995 年，在山西稷山挖掘出了 549 枚布币，其中 103 枚有面文，多见的文字为“幺金”，还有“文、工、涅金”等。另外，在河南安阳以及汲县山彪镇都曾经出土过多枚布币。

◆ 无文大型耸肩尖足空首布

◆ 平肩空首布

◆ 燕国方足平首布

◆ 安邑二釿背“安”桥裆布

平首布

无銎而平首。相比于空首布，这种钱币更加轻薄小巧。按照不同的形制，则可以区分成方足平首布、尖足平首布、圆足平首布、锐角平首布和长体平首布五小类。布面上通常都有文字，通常由地名或地名加其他文字组成，背面则是素面或者刻有数字。通常此类平首布都是综合了两小类空首布的特点，通过改进工艺技术、互相融合两者之间的特点最终做成的。这种布币取消了銎，这是因为布钱的銎本来没有实用意义，铸造銎会增加工作量。平首布分布在两周、三晋及燕、楚地区，范围比空首布要更大，盛行于战国中、晚期。

◆ 方足平首布

方足平首布主要分布的区域为两周、三晋及燕国地区的广大区域。按照裆部形态的不同则可以划分为：

桥裆或弧裆。又名为“桥足布”。通常为圆肩、微耸肩或平肩，少数面背有周郭。这种布币比较大，在平首布中又最为厚重，因而过去常称为“方足大布”。通常面文都是地名和布名的结合，因此得名“釿布”，通常有三种大小不一币形。

钱文带“釿”者，可以区分为“二釿”“一釿”“半釿”，这是一种三等制。釿通常为布名，也属于货币的单位。比方说“安邑二釿”“安邑一釿”“安邑半釿”。面文正书或倒书互见，背面为素面或者刻有“安”字。“安邑二釿”和“安邑一釿”的背面没有周郭，“安邑半釿”的背面还有周郭。这种类型的钱币还有“圁阳二釿”“筒阳一釿”“固半釿”“录二釿”“最一釿”“录半釿”“阴晋一釿”“阴晋半釿”“虞一釿”“虞半釿”“甫反一釿”“甫反半釿”等。安邑位于今天的山西夏县境内，战国初期是魏国国都。这种铸币的发行时间很早。2004 年，在郑韩故城一东周钱币窖藏中发现并清理出了“安邑二釿”69 枚、“安邑一釿”21 枚。

方裆。通常是平肩，极少有耸肩的情况。钱币本身轻薄小巧，因而得名“方足小布”。重量相当于“方足大布”中的一釿、半釿。面背都有周郭，小部分布币为素面背。面文通常为地名，不同的币名种类有 100 种左右，部分有大小两等。这种布币的铸造时间比较迟，因此称“晚期方足平首布”。这种布币多发现于窖藏中，也有少数出现在墓葬当中。根据面背纹饰特点可将方裆分为 Ba 亚型和 Bb 亚型。

◆ “安邑半釿”平首布

◆ 平肩平首布

◆ 魏国“梁”Ba 亚型方裆平首布

（1）Ba 亚型。广布于两周、三晋及燕国地域，平首布中该亚型数量最多。背有一直纹或二直纹，或有数目字以及“左”“右”等表示方位的字，有的还组合成“左十”“右十”等。面有一直纹，贯穿首裆。直纹左右有文字，有的在直纹左右各有一偏旁合成一字，有的则利用直纹合成字。

面文有“宅阳”“平邑”“安阳”“戈土（践土）”等属魏币。“梁”，文字在直纹左右各一半，正书或反书，释为“梁邑”，有大小两种。小者重 3~7.2 克，通长 42~48 毫米；大者重 8.5~12.5 克，长 50~51 毫米。

◆ 燕国“平阳”Ba 亚型方裆平首布

面文有“皮氏”“长子”“阳成（城）”“屯留”“涅”“东周”“成”等属韩币。“皮氏”，直纹左右各一字，背素或有数字。重5~6.5克，通长43~45毫米。“长子”，直纹左右各一字。重5.5~7克，长43~46毫米。

面文有“阴”“皇邑”“同是”“平阳”“大阴”“兹氏”“安阳”“阳邑”“兹氏半”“郜”等属赵币。“阴”，借中央直纹成字，有合背者。重5~8克，长42~46毫米。“皇邑”，直纹左右各一字，或释“皇”。背素或有数字。重5.2~6.5克，长43~45毫米。“同是”，直纹左右各一字，背素或有数字。重5~6克，长44~46毫米。

面文有“纕坪”“安易（匋易）”“右㫅（明）辛（新）冶”“恭昌（益昌）”等属燕币。多耸肩、束腰，独具特色。“纕坪”，背素或有“左”字。有大小两种。大者重4~5.5克，长40~42.5毫米。“安易”，直纹左右各一字，背素或有数字及“左”“右”字。长41~45毫米，重5~9克。

◆ 燕国Ba亚型方裆平首布

（2）Bb 亚型。即所谓“类方足布”，数量极少，主要是赵国币。体部有一短直纹，一般下不至裆，上不至首；背面首部中央有一直纹，体部二直纹或下部外撇的斜纹。正面首部有二直纹，向下略内聚。面文“榆即”“大阴”等均为赵国地名。“榆即”，重 4.8 克，长 42 毫米。背素或有数字。Bb 亚型的纹饰特点与尖足布相同。

◆ Bb 亚型“榆即”方裆平首布

◆ Bb 亚型“子”“平周”方裆平首布

◆ 尖足平首布

◆ 尖足平首布

尖足平首布是由耸肩尖足空首布演变而来的，主要是赵国铸币。其特点为耸肩、尖足、方裆，也有很少的是平肩。面背都有周郭。背面纹饰复杂，首部中央有一直纹，体部一至三短直纹不等，以二者最常见，有的甚至四短直纹，有的二斜纹贯穿至足，个别平素。背素或有数字。正面首部有二直纹，绝大多数是向下内聚，也有少数的在二直纹上端还有一横纹；体部有一短直纹，一般下不至裆，上不至首，有的因有文字而偏左或偏右。面文都是赵国地名，总计不同币名者 40 余种。

从出土的情况来看，在战国时期也曾铸造过尖足布，但是钱文不明。有大、小两种，有的面文只有大型或小型，有的则在同一面文上同时有大、小型。大型称之为“大尖足布”或“尖足大布”，小型称之为“小尖足布”或“尖足小布”，前者重 10~13 克，后者重 5.5~7.1 克；前者长 82~85 毫米，后者长 46~52 毫米。大型者面文有“甘丹”“大阴”“晋阳”“阳化”“榆即”“兹氏”“城”等，小型者面文有“大阴半”“晋阳半”“兹氏半”“大阴”“离石”“晋阳”“阳化”“晋城”“武安”“兹氏”“阴半”“阳”“于”等。

◆ “兹氏半”尖足平首布

“甘丹”，正面首部二直纹，体部一短直纹，背面首部一直纹，体部二直纹。面文在左，倒书。背素或有数字，仅见大型。重 10.1~13 克，长 83~85 毫米。“大阴”纹饰同“甘丹”，背素或有数字。有大小两种，可能属二等制。小型“大阴半”或“大阴”，前者“大阴”二字在左，“半”字在右；后者“大”右“阴”左，或反写（传形）。长 52~57 毫米，重 5~7 克。大型“大阴”二字在左半部，上下排列。重 11.1~12.5 克，长 82~83 毫米。

还有比较特殊的两种布币。其纹饰像尖足布，而形制却像方足小布和圆足布，郑家相分别称其为“类方足布”“类圆足布”。我们据其形制特征仍将其归入“方足布”和“圆足布”内。

◆ 圆足平首布

圆足平首布面背都有周郭。圆裆、圆足、圆肩、圆首。一般背有二斜纹或无纹，面无纹饰；有的面背有同于尖足布的纹饰。根据其穿孔特征分为 A 型和 B 型两种。

◆ 战国“离石”背“二七”圆足平首布

◆ 战国“蔺”背“一”Aa 亚型圆足平首布

（1）A 型。A 型基本都是赵国币，无穿孔。根据其纹饰特征分为 Aa 亚型和 Ab 亚型两个亚型。

① Aa 亚型。Aa 亚型背无纹或有二斜纹，斜纹下部外撇，面无纹饰。背文为数字，有“一”“二”“三”“四”“五”“四十”等。面文有“离石”“兹氏”“晋阳”“阴”等。

② Ab 亚型。Ab 亚型即所谓“类圆足布”。背面首部中央有一直纹，体部二短直纹。正面首部有二直纹，一般是向下内聚，体部有一短直纹，肩部稍方，仅见小品。面文有“晋阳”“人阴”“兹氏”“平匋”“阴”等。

◆ 战国“蔺”Ab 亚型圆足平首布

◆ 战国“武阳”B 型圆足平首布

（2）B 型。B 型铸币也就是所谓的“三孔布”或“三窍布”，其归属至今还在讨论，但大多数人认为属于赵国。其特点是首及两足各有一圆形穿孔，背无纹。面文有“南行易（唐）”“北九门”“上阳”“下阳”“阿”“上（苑）”“平台”“晋阳”“榆即”“安阳”“宋子”等共 20 余种，属赵地。背首部有数字“一”“二”“廿”等。

“南行易（唐）”（旧释“鲁阳”“虞阳”）大小两种，大者背文“两”，重 15~17 克，长 73 毫米；小者背文“十二朱”，重 7.2~8 克，长 53 毫米。2010 年嘉德春拍一枚“武阳”背“两”三孔布，成交价格为 352.8 万元，至今仍是古钱币拍卖的最高纪录。

◆ 面文“公”小型锐角平首布

◆ 锐角平首布

锐角平首布属于韩币。首之顶端有二锐角突出，方足、平肩、方裆或尖裆，面背都有周郭。有大小两种，大者方裆，背有一直纹二斜纹，纹饰同于方足小布，面有一贯穿首裆的直纹；面文有“卢氏涅金”“洮涅金”“涅金”等。“卢氏涅金”，重 18~19.5 克，长 69~70 毫米。“涅金”小者尖裆，背有直纹二、三道，面无纹或有直纹二道，直纹贯穿首足；面文仅见“公”“嵛（垂）”。“公”，面有直纹两道，直纹贯穿首足；背有直纹三道。重 5.3 克，长 44~47 毫米。“嵛（垂）”，背有直纹三道，背有数字，面无纹饰；重 9~11 克，长 50~52 毫米。

◆ 面文“涅金”大型锐角平首布

◆ 长体平首布

长体平首布又称“长布”或“长足布”，属春秋中期到战国初期的楚币，也有人认为属晋、郑或韩，并非正式铸币。其特点是方足、方裆、平肩，首部有一圆形穿孔。面背都有周郭，面背中央各有一长直纹。分为“旆钱当釿”“连布”“四钱”三种。“旆钱当釿”为大品，一般重31~37克，最重可达40多克，最轻仅有17克；长101~130毫米。背文“十货”，可能是指和10枚蚁鼻钱的价值相当，不过也有人说是相当于10枚连布。“连布”为2枚“四钱”布四足相连，重15克，长80~85毫米。1枚“旆钱当釿”相当于2枚连布或4枚“四钱”。

◆ 战国“旆钱当釿”长体平首布

圆钱

圆钱，从名字上就可以理解为“圆形的钱”，这种造型取自纺轮，灵感来源于古代玉璧或纺轮，钱币中央通常有圆孔或方孔，钱文主要为纪地、纪值。

早期的圆钱外观为圆形和扁平状，中间的圆形孔直径比较小，通常整体不规范。出现于战国晚期，也是先秦最晚出现的钱币，使用历史并没有刀币、布币那么长，存世量少，因此价格较高，很多在万元以上，一些珍贵的货币更是难得，低价的也需要数百元。

前些年的嘉德春拍古钱币专场中，就曾经拍卖 1 枚面文文字为“卫釿”的圆钱，估价 5 万元，最终的成交价高达 336 万元。

◆ 秦国圜钱“一铢重一两十二”

圜钱

圜钱又名为“圜金”“环钱”，是一种圆形的圆孔钱。主要分布在秦国及两周、三晋地区。

（1）秦国圜钱。面背平素。铸造文字为“一铢重一两十二”“一铢重一两十四”，文字环读，“十二”“十四”的意义至今不清楚。

（2）魏国圜钱。面多无边郭，少数钱币有很细的外郭，背平素。铸造的文字通常只有一个，多的能达到四字。直径较大的钱币在40毫米以上，面文有“垣”“共”“共纯赤金”“古”等；较小点的钱币直径为27~38毫米，面文有“济阴”“皮氏”“平原”“封坪”“武安”“漆垣一釿”“漆曩（垣）一釿”“晨半”等，常见的是“垣”“共”。

◆ 魏国圜钱“垣”

◆ 魏国圜钱“长垣一釿”

（3）赵国圜钱。正面有极细的外郭，背部则为平素，面文有“阴（蔺）”“离石”等。面文为“阴（蔺）”者，钱直径35毫米，重11.2克。面文为“离石”，直径35毫米，重10.6克。“阴（蔺）”“离石”所在主要的区域为山西离石县境，属战国赵地。

（4）西周、东周圜钱。有内、外郭，轻小。面文有“西周”“东周”“安臧”等。

面文为“东周”者，直径为25毫米，重4~4.5克。面文为“西周”者，直径26毫米，重3.8~4.2克。面文为“安臧”者，有的有内外郭，有的则没有。

◆ 赵国圜钱“阴（蔺）”

◆ 秦国“两甾”方孔圆钱

方孔圆钱

方孔圆钱也称“圆钱”，主要分布在秦国、燕国、齐国，由于地域不同，在风格上有很大差异。

（1）秦国方孔圆钱。面文为“半两”“两甾”“文信”“长安”。面文为“半两”的钱币无内外郭。钱币直径在 30 毫米以上，小的只有 27 毫米，最大者可达 37 毫米；一般重 6~7 克，轻者仅 2 克，最重的可达 10 克。另外还有人把“半两”“两甾”这种钱称为“半两型钱”，这也是和圆形圆孔的“一两型钱”区别开来。

另外还有两类小钱，无外郭，背平素。面文为“文信”，面义横读，钱币正面有四曲纹，被称为“四曲纹钱”。直径为 23~25 毫米，重 2.8~4 克，可能为文信侯吕不韦所私铸。

◆ 燕国“匽（明）化”方孔圆钱

（2）燕国方孔圆钱。面文为“匽（明）化”“匽（明）多”“一化”，面文横读，通常无郭或个别有内外郭，钱币背平素。面文“匽（明）化”者，背平素，直径为 24~25 毫米。面文“匽（明）多”者，背平素，直径为 26~29 毫米，重 4.2~4.6 克。面文“一化”者，背平素，直径为 18~19.5 毫米，重 1.1~2.65 克，个别重 3 克。

◆ 齐国“益六化”方孔圆钱

◆ 齐国“益四化”方孔圆钱

（3）齐国方孔圆钱。面文为“益六化”“益四化”“益化”。面文“益六化”者，直径为 35 毫米，重 8.25 克。面文“益四化”者，直径为 28~29 毫米。面文为“益化”者，直径为 19~22 毫米，重 1.3~3 克。“益”可能是一种重量单位，也可能是地名，在今山东益都附近，属战国齐地。

第三章

延续千年的方孔钱

方孔钱是中国古代钱币最常见的一种，具体是指那些中间有方孔的圆形钱币。方孔钱的雏形是圜钱，而且一直都是我国古代铜钱的固定形式，使用时间延续了2000多年。最早的方孔钱是秦的半两钱，清末的宣统通宝是最后的方孔钱。由于发行时间远早于、发行量均远大于其他种类的钱币，因此方孔钱和中国古钱币这两个概念经常等同。

秦朝钱币

公元前221年，秦始皇统一天下，建立了大秦帝国，开始实行统一的钱币政策。《史记·平准书》中记载："及至秦，中一国之币为二（三）等，黄金以溢名，为上币；铜钱识曰'半两'，重如其文，为下币。而珠玉、龟贝、银锡之属为器饰宝藏，不为币。"《汉书·食货志》中也有相似的记载。根据文献记载和考古资料，将秦统一货币的具体内容分为主要的两点：统一了货币的种类、统一了货币的名称。

秦废止六国货币后，统一制定了上、下两等货币制度，其中黄金为贵金属，主要用来赏赐、馈赠等；而铜币为下等，主要用来交税、日常交易等。而之前使用过的珠玉、龟贝、银锡已经不能再作为货币来用。铜质货币有专门正式的形制，而黄金则没有，其流通的范围也远远不如铜质货币广泛。铜质货币虽然在先秦时期就已经很流行，但是在秦朝才开始有了固定的形式。

取消了刀、布、化等名称，统一将铜币称为铜钱。先是下令原各国的货币禁止流通，随后又推行以秦"半两"铜币为基础的新的货币制度。秦始皇对于钱币的材质、重量、形状、使用都制定了严格的法规，国家收回铸币权，严禁私人铸钱。虽然当时的秦"半两"在铸造技术上并不出众，但还是依靠国家政权的实力推行了下去。

◆ 秦"半两"

汉朝钱币

汉朝时期的钱币主要分为三个部分：西汉前期和西汉后期以及东汉时期的钱币。西汉前期主要为半两，西汉后期和东汉时期主要为五铢，因其有很高的标准化管理、铸造工艺精良、数量大，因此其流行范围也较广泛。

◆ 五铢钱

◆ 荚钱

汉朝初期战争频繁，生产萎缩，汉高祖鼓励民间铸造钱币。将圆钱减到了三铢左右，面文仍为“半两”，因此很多钱币都很薄，重量轻较，形状很像榆荚，因此得名“荚钱”。

高后二年（公元前 186 年），因民间铸造的钱币质量太差，取消了私铸钱币，由国家铸造八铢钱。八铢，直径为 2.6~3.1 厘米，重 5~7 克。

高后六年（公元前 182 年），国家战事频繁，开始铸造五分钱，其实是官铸的荚钱，这种钱币的质量低劣，重量仅相当于半两的 20%，重约 1.9~2 克，直径约 2.2 厘米，穿孔较大，铸造铭文为“半两”二字，狭长凸起。

◆ 八铢半两

◆ 四铢半两钱

汉文帝五年（公元前 175 年），四铢半两钱开始铸造发行，这种钱又名四铢钱。四铢半两钱的体积很小，直径为 2.2~2.5 厘米，重 2.2~2.8 克，内外无郭，边缘整齐且穿孔小，钱文小篆“半两”二字文字规整，笔画方折。

四铢半两钱数量较多，分布十分广泛，几乎遍及西汉王朝的疆域。此钱铸造精整，形制规范，标准化程度较高，钱币周边打磨圆滑，不见铸口茬；钱径大小基本一致，厚薄匀称，钱圆孔方；面多无外郭，少数有浅细外郭，个别有内郭，出现各种文字或符号，有阴文，也有阳文，如穿上横文、穿下横文、卷云纹，背平素。在半两钱中最易辨识。

文景前期的四铢半两，钱径一般 23~24 毫米，重 2.5~2.8 克，约等于 4 铢。文字虽为篆书，但字体清晰方正，笔画方折，有隶书笔意，“两”字多为“十字两”和“连山两”，“双人两”较少，“半”字的下横画和“两”字的上横画与整个文字等宽，“半”字上二画方折。武帝建元五年（公元前 136 年）铸造的后期四铢半两显得轻薄，铸造也不够精整，但有外郭，目的是为防止私铸者磨边取铜。钱径一般 21~23 毫米，重约 2 克，钱文减笔严重，“半”字的上横画上折不显；“两”字多为“十字两”，甚至中央减为一竖或中空。

◆ “四铢半两”面月纹

◆ “四铢半两”光面

◆ 三铢钱

◆ 三铢钱

元狩四年（公元前 119 年），销毁四铢半两，改造三铢钱。三铢钱面文“三铢”，横读，“铢”字“金”旁从“朱”，整体为三角形，下端朱字直笔到底为一横，背平无郭，钱币直径通常为 2.3 厘米，重量可以达到 2.5 克。

可是这种钱也很短寿，只流通了几个月，就因钱币过轻而停铸，改铸五铢钱。由于时间短促，传世下来的实物更是稀少，因此成为了钱币收藏家争相猎取的目标，具有极高的收藏价值。

◆ 五铢钱

元狩五年（公元前 118 年），汉武帝正式废除了“半两”钱、三铢钱，开始铸造和使用五铢钱。西汉五铢钱的流通时间很长，直到唐高祖武德四年（621 年）才停止使用，经历 700 多年，成为我国钱币史上流通时间最长、制造和使用数量最多的钱币。

西汉的武、昭、宣、元、成、哀、平各帝，都制造和使用了五铢钱。这种方孔圆钱的大小和轻重都很合适，钱币形式相同，铜色凝重，面文篆书“五铢”，横读，直径在 2.5 厘米左右，重 4 克左右，边缘整齐，铸有内外郭。五铢钱最有代表性的币种是郡国五铢、赤仄五铢和上林三官五铢。

◆ 五铢钱

◆ 五铢钱背面

郡国五铢：由于元狩年间铸造的五铢钱为各郡国铸造，故被称为“郡国五铢”或“元狩五铢”。郡国五铢钱均面有外郭，无内郭；钱背有内、外郭，边郭多留有“毛边”，还有半两钱的气韵。面文“五铢”，重如其文。由于是由各郡国铸造，所以形制、文字不十分规范，铸工也精细不一。面文为小篆，字体略宽矮，写法多样，不够规范。“五”字的交笔多直或缓曲，也有个别曲度较大。“铢”字多不清晰，“金”字头较大，多为三角形，也有的底边外凸呈镞形，四点或长或圆。“朱”字头上方折，下圆中带方，往往一角稍圆，一角略方。从符号上看，郡国有穿上横、穿下横、穿上三角、穿上下三角、穿下横、穿下半月等。由于各地技术水平不同，铜矿的成分有差别，官吏了解命令的程度与奉行的态度很难一致，所以铸出的钱差别很大，有的与旧汉半两一样，背平无轮廓，有的穿孔大，肉薄，也有肉厚的。郡国五铢含铜量在 80%左右，铜色多呈紫红，少数发黄。

◆ 汉朝“郡国五铢”钱币

赤仄五铢又称“赤仄钱”“赤侧钱”“子绀钱”。武帝元鼎二年（公元前 115 年），民多私铸郡国五铢，导致了五铢钱愈来愈小，质量越来越差，所以改由京师钟官统一铸造“官赤仄”钱，即所谓“赤仄五铢”。赤仄五铢一当五郡国五铢，并规定“赋官用非赤仄不得行”。赤仄五铢实物尚无定论，有人认为其为一种平背的五铢钱。

上林三官五铢。《集解》：“《汉书·百官表》云：水衡都尉，武帝元鼎二年初置，掌上林苑，属官有上林均输、钟官、辨铜令”。陈直则说，三官“当为钟官、辨铜、技巧三令丞，皆属于水衡都尉。因水衡设在上林苑，故称为上林三官”。

上林三官五铢有以下特点：

（1）上林三官五铢铸工精整，规格一致，成为两汉五铢的定式。“五铢”二字方而略长，风格较为一致，“五”字交笔缓曲，上下与两横笔交接处略向内收。“铢”字“金”头有三角形、箭镞形两种，四点方形较短。“朱”字头方折，下垂笔基本为折圆，头和尾与“金”字旁平齐，笔画粗细一致。

（2）钱型整齐，直径 25~25.5 毫米，穿直径约 9.7 毫米，郭厚 1.5~2 毫米，宽 1~1.4 毫米，内外郭宽窄均匀，郭峻深平整，较郡国五铢略宽，背有内外郭，个别内郭四角微凸。

（3）记号有穿上横和下半星两种。

（4）上林三官五铢材质的颜色为红色，含铜量在 70% 以上，含铅量约 20%，比郡国五铢略低，但配比合理，物理性能好。

◆ 汉朝“赤仄五铢”钱币

◆ 汉朝“昭帝五铢”钱币

在西汉五铢钱中，上林三官五铢是比较常见的一种。

昭帝五铢：昭帝年间（公元前 86—前 74 年）铸造。昭帝五铢的大小和武帝时期的上林三官五铢基本相同，但重量要比三官五铢略轻，比宣帝五铢重。钱文“五”字瘦长，交笔末端略内收，亦为缓曲状，上下横与外郭相接较长；“铢”字之“朱”上方下圆，“金”字头为三角形，明显低于“朱”。符号主要有穿下半星和穿上横文。铜色深红。

宣帝五铢：宣帝年间（公元前 73—前 48 年）铸造。宣帝五铢的大小风格与昭帝五铢接近，但更加精整规范。无论是其铜质、形制、书体以及工艺上，都已经达到了尽善尽美的程度。

钱径 25~26 毫米，面郭宽达 1.5~2 毫米，在汉五铢中属于面郭最宽者，重约 3.5 克。外郭多向内侧倾斜。钱文笔画清晰方正，“五”字交笔弯曲，两侧有一定长度的几乎竖直的笔道，上下两画多与外郭相接；“铢”字的“金”字旁多呈等腰三角形而又低于“朱”字。其中宣帝晚期铸造的五铢钱外郭由外向内呈坡状倾斜。“朱”字上方折，下圆中带方，“金”字较“朱”字略低。铜色紫红。

◆ 汉朝“宣帝五铢”钱币

◆ 汉朝“小五铢”钱币

小五铢：关于小五铢之铸造年份，目前存在着争议，有的记载为宣帝时期所铸，也有的记载为武帝元鼎四年（公元前 113 年），旧谱记载为沈郎五铢、六朝“鸡目五铢”甚至王莽五铢等。

小五铢钱径 11.5~12 毫米，重 0.62~0.73 克。铸工方面，小五铢铸工精美，个别鎏金，面有外郭无内郭，背内外郭皆有。符号为穿上横文和穿下半星等。小五铢特征有差距，此差距为不同时期所铸造而造成。面文“五”字上下横画有的较长，多与外郭相接；交笔有的略直，有的略弯，有的则弯曲较甚；“铢”字之“金”字头小，四点小而圆，“朱”字三折，下圆中带方。

◆ 黄金货币

西汉时已经出现了黄金铸币，如金饼、马蹄金、麟趾金、金五铢等，重一斤或一两。发行量最大的是金饼，马蹄金次之，麟趾金、五铢钱均较少。

金饼：又名柿子金，外观为圆饼状，非常像熟柿子，正背面均为实心，有大、小两种形制。

马蹄金：外观类似马蹄，底大口小，整体为椭圆形，背面中空，周壁由上到下弯曲成斜面。战国末期马蹄金就出现了，西汉曾广泛使用。

麟趾金：外观类似圆足兽蹄，口小而内阔，正面呈圆形，或近似圆，背面中空，周壁向上斜收。

金五铢：制作工艺精美，外观规范美丽，面文篆书“五铢”二字，周缘有郭，币有一横，“五”的其中两笔为弯曲状，上下两横较长。

◆ 西汉金饼

王莽钱币

西汉末年，王莽篡政，自立为皇帝，改国号为“新”。

为了搜刮民财，王莽借“托古改制”进行了四次币制改革，甚至启用了废止两百多年的布币、刀币制度，随后开始铸造大钱，下令铸造错刀、契刀和“大泉五十”等。

◆ 第一次币制改革

王莽进行第一次币制改革是在居摄二年（公元 7 年），他下令在五铢钱之外增铸大钱、契刀、错刀。据《汉书·食货志》记载：“王莽居摄，变汉制，以周钱有子母相权，于是更造大钱，径寸二分，重十二铢，文曰‘大钱五十’。又造‘契刀’‘错刀’。契刀，其环如大钱，身形如刀，长二寸，文曰‘契刀五百’。错刀，以黄金错其文，曰‘一刀直五千’。与五铢钱凡四品并行。”

此期间的铸钱主要为“大泉五十”“一刀平五千”“契刀五百”等，两刀的铸造主要用于兑换搜刮民间黄金，并规定“列侯以下不得挟黄金”。大钱的发行，导致了民间私铸盛行。

一刀平五千：“一刀平五千”刀币，铸工精美，表面多呈水银沁色。分为环柄和刀身两部分，环柄为一方孔圆钱，环文上写“一”，下写“刀”，均为阴刻字，字陷用黄金填造，经打磨后字面与钱面平齐。刀身铸有阳文“平五千”三字，其中“平”是“值”的意思，即表示一枚刀币价值等于五千五铢币。

“一刀平五千”刀环径 27~29 毫米，重 30~34.7 克，长 72~75 毫米，也有的仅重 20 克。

◆ 王莽时期“一刀平五千”刀币

◆ 栔刀五百

栔刀五百：王莽居摄二年（公元 7 年）铸。“环如大钱，身形如刀”，栔刀五百的基本形制同“一刀平五千”相同，环面铸阳文“栔刀”二字，刀面铸阳文“五百”，篆书。“栔”能通“契”。以一当五百五铢。“栔刀五百”刀郭深峻，铸文精美。长 73 毫米，重 16.4 克。

大泉五十：“大泉五十”铸行时间为 13 年，是王莽新朝通行货币中流通时间最长、铸量最大的货币。

“大泉五十”版别多，铸工精美，规范工整，内涵丰富。多呈水银沁色，铜质优良。面背均有工整宽厚的内外边郭，普通大泉五十钱径 27~28 毫米，重 6.4~7 克。文字峻深，“大”字多呈圆弧形，少数呈“燕翅形”或“窄肩形”；“泉”字中竖中断。

大泉五十版别多样，在收藏时我们要注重版别的选择，另外王莽是一个迷信的人，王莽铸币中出现多种厌胜纹饰的“大泉五十”，其中有人物、鸟兽、吉语、吉祥图案等。但数量极少，市场价格也较高。

◆ 王莽时期“大泉五十”钱币

◆ 第二次币制改革

新莽政权始建国元年（公元 9 年），王莽进行了第二次币制改革。下令铸“小泉直一”。“小泉直一”方孔币铜质精良，文字精美，悬针篆。篆体泉字中竖断为两截，按照新莽货币制度，一枚“小泉直一”与一枚五铢钱等价，是新莽钱币体系的基本单位。“小泉直一”与大钱“大泉五十”两品并行。由于莽钱的屡次变更，钱币价虚，所以百姓私下仍用五铢。而且熔化小钱铸造大钱有丰厚的利润，故私铸大盛。

小泉直一与大泉五十的形制、风格都一致，面背均有整齐边郭。穿有广狭之分，钱径 14.5~15.3 毫米。重多在 1.4 克左右，个别重达 2.61 克，轻薄者有的不及 1 克，实际上约 1 铢。

◆ 王莽时期“小泉直一”钱币

◆ 第三次币制改革

王莽于始建国二年（公元 10 年）进行第三次币制改革，就是历史上著名的“宝货制”。“宝货制”分为“五物”“六品”。“五物”指金、银、铜、龟、贝。“六品”指钱货六品、金货一品、银货二品、龟货四品、贝货五品、布货十品。纷繁荒谬的货币制度，违背了货币流通的基本条件，多种类多单位的币制严重阻碍了货币价值尺度的功能。除其中的“钱货六品”（小泉直一、幺泉一十、幼泉二十、中泉三十、壮泉四十、大泉五十）和“布货十品”（小布一百、幺布二百、幼布三百、序布四百、差布五百、中布六百、壮布七百、第布八百、次布九百、大布黄千）还能部分流通外，其余根本无法通行。后期王莽只好宣布“宝货制”失败，流通货币只以“大泉五十”和“小泉直一”为主。

大泉五十和小泉直一数量较多，但其余幺泉一十、幼泉二十、中泉三十、壮泉四十由于施行的时间甚短而铸造数量极少，尤以壮泉四十最为难得。这四种钱币制作精整，铸工比大泉五十稍差，与小泉直一形制、风格一样，钱文篆书，异常精美。

◆ 王莽时期“壮泉四十”钱币

◆ 王莽时期“幺泉一十”钱币

◆ 王莽时期“中泉三十”钱币

十布：所谓“十布”，就是王莽时期十个面额的布币，依次可分为小布一百、幺布二百、幼布三百、序布四百、差布五百、中布六百、壮布七百、第布八百、次布九百、大布黄千。十布铸造精良，面背肉好都有周郭。钱文为悬针篆，流畅精美，清晰平整。多有水银沁色，精美绝伦。布形似楚之长布，方裆、平肩、方足，首部有圆形穿孔，微束腰。钱面中央有一直纹，有的上延至顶，有的倒穿而至。

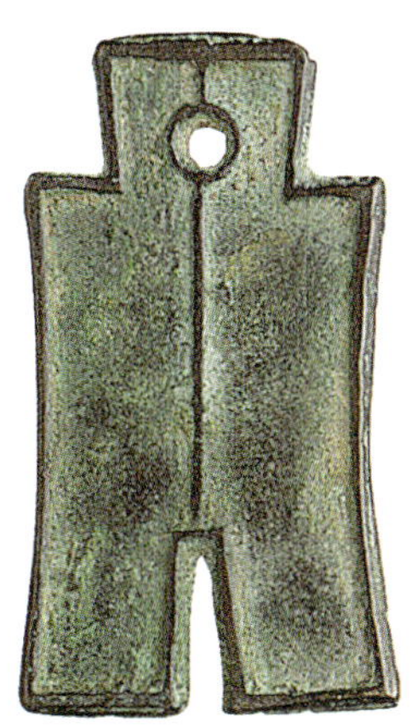

◆ 王莽时期“小布一百”布币

◆ 王莽时期“幺布二百”布币

◆ 王莽时期“幼布三百”布币

◆ 王莽时期“序布四百”布币

◆ 王莽时期“差布五百”布币

◆ 王莽时期“中布六百”布币

◆ 王莽时期“壮布七百”布币

◆ 王莽时期“第布八百”布币

◆ 王莽时期“次布九百”布币

◆ 王莽时期“大布黄千”布币

◆ 第四次币制改革

王莽在天凤元年(公元14年)进行了第四次币制改革，这次改革废除了大、小钱，新铸“货布”“货泉”二币。除此之外，据出土的实物来看，王莽还铸造过一种面文为“布泉”的方孔圆钱，但文献无载。王莽币制的混乱加剧了当时社会的动荡。

货布：货布造型古朴，铸工精整，十分规范标准，书法独特。形制、风格与“十布”一致，钱文篆书“货布”二字，在长达30毫米的笔画中，笔线仅宽0.36毫米。中央直纹倒穿而至。面背皆有周郭。货布长约58毫米，平均重17.2克。

◆ 王莽时期货布

◆ 王莽时期“货泉”背四钱币

货泉：货泉分以下五种：

（1）“标准类”货泉：钱径约 23 毫米，重 3.2 克。风格接近大泉五十，面文清晰工整，多内郭或“重好”，有的背具决文，其中面文外郭外高内低者被称为“额缘”。除半星、决文等外，还有极少量带符号类货泉。

（2）“减重”货泉：钱径约 22 毫米，重约 2 克。制作较标准货泉粗率，无内郭者占大多数，铸行年代较晚，数量庞大。此类货泉多见符号，主要有星文和决文，见于穿的上下左右，一般一个的居多，也有穿上或下左右各一决文者，甚至还有四星者；也有星和决文一起出现的。此外还有横文、阴文、传形、合背、合面、四出、复书、单字等特殊品类。

（3）“小货泉”：这类货泉发现于新莽末期和东汉时期的墓葬，如洛阳烧沟和洛阳西郊墓葬中便有出土，文字大略清晰，有的背平，钱径仅 13~16 毫米，重约 1 克。这种小货泉或许属冥币。

（4）“饼钱”：文字较为浅平模糊，多出土于关中及临近地区。有铜铁、铜、铁合金 3 种质地，中间厚、边缘薄；形体厚重，不规整。

（5）“连钱”：顾名思义，就是许多钱连在一起的钱，此类连钱大多文字模糊，厚重粗糙，单枚钱径最大者 32.4 毫米，最小者 25.4 毫米，最轻者 7.6 克，最重者 34 克。饼钱和连钱的铸行至今不明。

布泉：布泉与货泉风格一致，面文为垂针篆“布泉”，“泉”字中竖不连。布泉铸工精整，面背肉厚，边郭规整，钱面外郭特点为外高内低额缘，内郭多为重好，有的有上下决文或星文。

◆ 王莽时期布泉

三国钱币

曹魏

曹魏地处中原地带，连年的战乱使经济遭到了严重的破坏，曹操为了恢复经济，实行屯田政策，这样社会经济逐渐恢复。曹操罢废董卓的小钱，恢复了五铢的流通地位，但是这种措施难以实行，谷帛仍然作为货币角色在市场上流通。

魏文帝黄初二年（221 年）三月，复行五铢钱，所谓复行就是恢复旧的五铢钱，并未新铸。7 个月之后，又“以谷贵罢五铢钱”。根据《三国志·魏书·明帝记》记载，曹魏正式铸行自己的五铢钱，是在明帝太和元年（227 年），这种新铸的五铢钱被称为“曹魏五铢”，曹魏五铢的具体形制到目前为止还没有完全统一的意见，有人认为其制作粗糙，钱体轻薄，直径在 20 毫米左右，重约 2 克，字形较长，由于孔过于宽阔而“五铢”二字不全。有人还认为曹魏五铢中有一部分应为“二柱五铢”和“四柱五铢”。也有人认为其制作较精，直径在 25 毫米左右，重 3.4~3.5 克，“五”字交笔弯曲，“朱”字头圆折，笔画肥硕；在实际流通中则更多使用旧五铢。无论如何，从曹魏一直未出现大值虚币的情况来看，其经济实力雄厚，这为西晋统一全国奠定了基础。

◆ 三国曹魏“五铢”钱币

蜀汉

蜀汉偏处西南，又连年征战，财政困难，军费紧张，经济发展受到局限，只好采用发行大值虚币的办法来勉强维持。

◆ 直百五铢、直百、直一

直百五铢：面文篆书顺读，“直百”二字宽矮，分别与王莽“小泉直一”的“直”和“契刀五百”的“百”字相同。“五铢”二字略瘦长而与汉五铢字样近似。钱径 26~28 毫米，重 8~9.5 克，面背有周郭。后期减至直径 24 毫米，重 3.2 克。

直百五铢钱背穿左有阳文“爲”字，系益州犍为郡铸造，被称为“犍为五铢”这在中国的方孔圆钱中是最早的背文纪地者。还有钱背刻有阴文者，有“月”“田”“王”“吉”“羊”等文字，“一”“|”“二”“卅”等数字。四川是直百五铢的主要出土地区。还有另一种顺读“直百”钱，这种钱有传形样式，为蜀汉后期“直百五铢”的省文。大者钱径 15~20 毫米，重 1.4~1.6 克；小者直径 12 毫米，重仅 0.6 克，应为不足值的劣币。还有“直一”钱，少而珍贵。

◆ 三国蜀汉“直百五铢”钱币

◆ 三国蜀汉“太平百钱”钱币

◆ 太平百钱、世平百钱、太平百金

太平百钱：面文有篆书、隶书两种，一般钱径 25~27 毫米，重 4~9 克，小钱钱径 13 毫米，重仅 0.7 克，背有水波纹，面文顺读，光背阴刻有符号。“太”有时作“大”。还有面文作“世平百钱”者，与太平百钱完全相同。还有面文“太平百金”小钱，“金”大概是“钱”的省文。

◆ 三国蜀汉“定平一百”钱币

◆ 定平一百

关于定平一百钱归属，历来就存在着争议，有吴钱、蜀钱、十六国大成国钱的不同说法。但是 1984 年安徽马鞍山孙吴朱然墓出土有定平一百则推翻了十六国的说法。定平一百钱轻巧薄小，面文隶书顺读，钱径 12.5~17 毫米，重 0.65~0.9 克。

孙吴

孙吴经济发展不平衡，有些地方还比较落后。由于经济的因素，孙吴在蜀汉之后，实行了面值更大的虚币政策。

◆ 大泉五百

“大泉五百” 铜钱铸于吴大帝嘉禾五年（236 年）。钱为青铜质，周郭较宽平，有大小两种，小者钱径 17 毫米，重仅 0.6 克；大者钱径 32~35 毫米，重 6~7 克。面文继承了新莽“大泉五十”的特点，篆书，顺读，但精美不如王莽大泉五十，“泉”字中竖不断也与莽钱不同。“百”字瘦长而与蜀汉“直百”之“百”相近，“五”字交笔略直或微曲。

◆ 三国孙吴“大泉五百”钱币

◆ 三国孙吴“大泉当千”钱币

◆ 大泉当千

“大泉当千” 铸于赤乌元年（238 年）。钱为青铜质，周郭宽平，有大小两种，大者钱径 40 毫米，重 15 克；小者钱径 24 毫米，重 2.7 克。面文篆书，旋读，形制略同“大泉五百”。“大”字以圆弧形居多，“泉”跟王莽“大泉五十”不同，其中竖不断，但上不与横相接，“當”字笔画方折。

◆ 大泉二千、大泉五千

除大泉当千外，孙吴铜钱还铸有“大泉二千”“大泉五千”两种，此两种钱文献均无记载。其风格为面背厚有周郭。面文篆书，旋读，铜质，形制和“大泉五百”“大泉当千”相同。“大泉二千”较为稀少，钱径约 35 毫米。

◆ 三国孙吴“大泉二千”钱币

两晋南北朝钱币

两晋

史书未载两晋有铸造钱币的记录。

西晋时期，“八王之乱”使得经济大衰退。经济的萧条使得西晋多以物或曹魏五铢及前朝古钱交换。孙吴和蜀汉旧钱为东晋时期的流通货币。当时，有“比轮”“四文”的称呼，可能分别指较大的“大泉五百”“大泉当千”和略小的“直百五铢”“太平百钱”，以及王莽“大泉五十”之类，还有“剪轮五铢”“沈郎钱”等小钱。

东晋时，吴兴沈充私铸钱称为“沈郎钱”。多不铧磨，“铢”字皆缺金，或缺朱，薄而小，有外郭，有的背平素似半两钱。质地很差，铜色青白，以铅锡较多，钱径 18 毫米，重 1.2~1.5 克。

◆ 两晋“沈郎钱”钱币

南朝

南朝经济相对来说比较发达，钱币铸造量增加，使用范围也比较大。

◆ 宋钱币

宋初期经济恢复，但市场上流通的钱币严重不足，于是在文帝元嘉七年（公元430年）铸造“四铢”钱，重如其文，钱文篆书“四铢”，顺读，较五铢钱减重1/5。四铢钱钱径23毫米，小者重1.8~2.2克，大者重2.7~3.5克。有的面背均有星，或钱背上下有星点纹。

孝建四铢：孝武帝孝建元年（454年）铸，面文“孝建”，背文“四铢”，均顺读。钱文采用十分秀美的韭叶篆，但周郭纤弱，钱形薄小，钱径21毫米，重2.8克。面背有阴阳文，星纹。民间盗铸较多，并杂以铅锡，背文“四铢”干脆省掉，只留有“孝建”二字，重量比孝建四铢更小，有的仅1克。

◆ 南朝宋“四铢”钱币

◆ 南朝宋“孝建四铢”钱币

◆ 梁钱币

梁五铢：又称“天监五铢”，铸于武帝天监元年（502 年）。钱径 25 毫米，重约 3.3 克。发行没多久又另铸五铢，其钱除去内外郭，文字不全，钱径 19~21 毫米，重 1.4~1.6 克，此种钱称为“女钱”或“公式女钱”，即“细钱”。

梁武帝普通四年（523 年），为大兴佛教，尽毁铜钱铸造佛像，铸造五铢铁钱，从而导致了私铸泛滥，货币贬值，物价飞涨，出现了狗至 20 万钱、米 80 万钱的局面，“铁钱遂如丘山”。梁五铢铁钱背常有四出，较小，中间厚边缘薄。

◆ 南朝梁“公式女钱”钱币

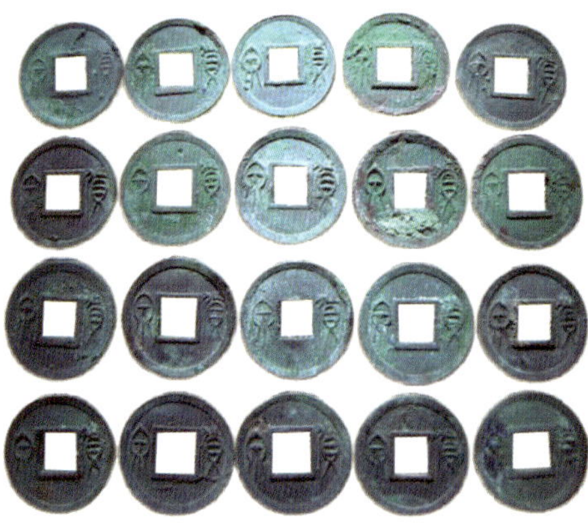

◆ 南朝梁“天监五铢”钱币

◆ 南朝梁“铁钱五铢”钱币

◆ 南朝陈“太货六铢”钱币

◆ 陈钱币

陈五铢：又称“天嘉五铢”，铸于文帝天嘉三年（562 年）。“铢”字的“金”小于“朱”，“朱”字上方下圆。面背均有内外周郭，外郭较宽；钱径 23 毫米，重 3.3 克。

太货六铢：铸于宣帝太建十一年（579 年）。面文顺读，钱文、铜质、铸工均佳。钱径 24~25 毫米，重 3 克。与五铢并行，一当五铢十，后减为当一钱，二品并行。

北朝

北朝政权也铸造过钱币，总体质量比南朝好。

◆ 北魏钱币

太和五铢：铸于太和十九年（495 年），厚重者略如汉五铢，文字铸工略差，大小轻重不等，但书法精美。一般钱径 25 毫米，重 3.4 克。是北魏全国通用货币。

永平五铢：铸于宣武帝永平三年（510 年），由于实物尚未发现，关于此钱的铸造情况还存在争议。孝庄帝永安二年（529 年）改铸“永安五铢”，永安五铢以背素居多，有背四出或有“土”字者。有土字者称为“大吉铢”，因土与孔所造成形状如“吉”而得名，永安五铢钱径 21~25 毫米，重 2.7~3.9 克；小者钱径 17 毫米，重 2 克。

◆ 北朝北魏“永安五铢”背“土”钱币

◆ 北朝西魏“大统五铢”钱币

◆ 西魏钱币

东西魏仍然承用“永安五铢”，东魏孝静帝武定元年（543 年），新铸永安五铢，此时私铸兴盛，名目繁多，有梁州“生厚”“紧钱”“吉钱”，雍州“青紫”，河阳“生涩”“天柱”“赤牵”等。

西魏初，永安五铢仍然是市场流通的主要货币，后又铸“大统五铢”钱。

大统五铢：又称“置样五铢”，铸于大统六年（540 年）。“大统五铢”仿永安五铢，但是去掉了“永安”二字，左侧“金”旁的三角形右倾，“朱”字上下方折。“五”字交笔直，上下横画与郭相连，右侧靠穿处有一直画，钱径 25 毫米。

◆ 北朝北齐“常平五铢”钱币

◆ 北齐钱币

常平五铢：铸于北齐文宣帝高洋天保四年（553 年）。钱径 24~25 毫米，重 3.5~4.2 克。钱币设计和铸造都极为考究，是中国钱币史上最精美的几种钱币之一。由于采用的技术是铜母范叠铸技术，所以文字流畅优美、版式划一，铸造非常精良，玉箸体钱文构架匀称、笔画圆润。但后期私铸严重，出现“赤熟”“青熟”“细眉”等名目；至北齐晚期并杂有铅锡薄钱。

◆ 北朝北周“布泉”钱币

◆ 北周钱币

布泉：铸于武帝保定元年（561 年）。一当五铢五，面文为玉箸篆，顺读，布泉铸工精致，内外郭齐整；“布泉”二字作玉箸篆横书穿孔两侧，古朴端庄。“泉”字中竖不断，一线贯底，是与新莽“布泉”除篆法不同外又一显著区别。钱径 25 毫米，重 4.3 克；肉实铜好，是著名的“北周三品”之一。

五行大布：铸于武帝建德三年（574 年），以一当十，与“布泉”并行。面文为玉箸篆，顺读，面背肉好周郭。钱大小不一，一般钱径 26 毫米，重 4.2 克；小者钱径 21 毫米，重 2 克，也有大至 28.5 毫米者。是著名的“北周三品”之一。

◆ 北朝北周“五行大布”钱币

永通万国：铸于北周静帝宇文阐大象元年（579 年），“五行大布”一当十，与“五行大布”并行。铸工精美，面文为玉箸篆，顺读，“永通”意为永远通行，“万国”示天下万国可用。形体厚重，字体深峻，钱文和铸工均臻妙境，一般钱径 29~31 毫米，重 4.4~6.4 克。私铸者较小。有阔缘、合背者，还有铅钱，是著名的“北周三品”之首。

北周的上述三种钱币以其书法优美、铸工精整、数量稀少而为后人珍视，称之为“六朝三泉”。

◆ 北朝北周“永通万国”钱币

隋唐钱币

隋朝时期

隋朝（581—618年）统一全国，结束了长期分裂的割据局面。隋文帝杨坚刚刚登基就开始整顿币制，颁布法令，一方面废止旧朝的钱币，另一方面严令禁止私铸钱币。币制改革经历了五年时间，开皇五年（585年）最终统一币制，之后在全国范围内使用隋五铢。

将大业元年（605年）作为一个分界线，隋五铢可进一步划分成前后两期。前期的时间为隋文帝开皇元年至仁寿四年（581—604年），这个时期以实行新币制为主，期间隋文帝使用各种政策保证了隋五铢在流通领域的主导地位，对于私铸的现象给予沉重的打击，保证了隋五铢的铸造质量。

◆ 隋初仍延用的钱币

隋文帝在开皇三年（583 年）四月，下令禁止使用旧钱将 100 个隋五铢样钱置于关口，只要带有铜钱进出关口均必须拿着对照并检查，只有相同的才能放行，对于不相同的钱一律没收销毁，过去的旧钱也一并销毁。在这种高压的政策下，全国推行隋五铢取得了很好的成效。隋朝的五铢钱在钱文上也效仿汉代五铢，钱文峻深，面文“五铢”二字篆书，笔画精整，边缘较宽，面无好郭，“五”字上下左端有竖纹，钱背肉好均有郭。“五”字交笔有圆曲与斜直两种，面背肉好皆有较宽周郭。大者钱径 25 毫米，重 3.4~4 克；小者钱径 21~23 毫米，重 2.25 克。“朱”头多呈方折。外郭甚阔，面无穿郭，“五”字交笔直，近穿处有一道竖画。

开皇元年至开皇五年（581—585 年），期间铸造的钱币基本特点是精美厚重，人称“开皇五铢”，但这些钱币只占到隋五铢当中很小的一部分。隋炀帝登基之后就开始大兴土木建设东都、开凿运河、修筑长城迅速消耗了国库。于是，隋炀帝下令开炉铸钱。新铸造的五铢钱边缘粗糙，钱文模糊，质薄体轻，刚开始一千钱的五铢重量有两斤左右，后来只有一斤重。与此同时，民间私铸的货币也开始流通，这也导致隋文帝时期铸行的“开皇五铢”流通量的剧烈减少。到隋朝末年甚至出现了剪铁牒、裁皮糊纸为钱的现象。

◆ “隋五铢”早期大样

唐朝钱币

唐朝初年一直使用隋五铢钱以及剪铁𨰻等恶钱，花费八九万钱才能买到一斛米。为了稳定货币市场，唐高祖武德四年（621 年），下令整顿货币，宣布废除五铢钱，并且开始统一铸造“开元通宝”。

◆ 唐朝开元通宝方孔钱

◆ 唐朝“开元通宝”背穿下月

开元的意思是“开新鞘之元”，和开元年号没有联系。“开元通宝”还被称为是“开通元宝”，钱文的含义是开创富庶安定的崭新生活，开辟一个新的纪元，可见“开元通宝”才是正式称谓。“通宝”的含义也是流通的货币。其划时代的意义表现在：唐朝以前的钱币多以形制或重量为名称，如刀币、布币、五铢钱等，而“开元通宝”钱后，改称“宝”“通宝”“元宝”等。

唐朝初期铸造的钱币外郭齐整，背面平坦光洁，书法及做工都非常出色，在有实用价值的同时，也具有较高的观赏价值。大诗人杜甫诗云“囊空恐羞涩，留得一钱看”，这里说到的钱币就是“开元通宝”。《龙川略论》中记载，苏辙至京师，参知政事王介甫问铸钱，回答说：“唐开通钱最善，今难及矣。”“开元通宝”钱的直径为八分，重量为两铢，十钱重量为一两，一千钱重六斤四两。唐朝的市斤比西汉时期重一倍左右，因此“开元通宝”比西汉五铢钱略重。同时也是从这个时候开始，我国的度量衡不以铢为计算单位（唐以前是用铢，二十四铢为一两，是二十四进位），转而实用两、钱、分、厘的十进位法，一钱的重量为 3.73 克，这也是“开元通宝”1 枚钱的重量。

唐朝初年在并（今山西太原）、幽（今北京）、洛（今河南洛阳）、益（今四川成都）诸州置监铸钱，次年又于桂州（今广西桂林）铸钱。行用钱为欧阳询所书“八分篆隶”书体，经钱监严密督造的一种优质开元钱。主要特征是：面、背肉好，郭整，钱文深峻清晰，铜质纯净，铸造精良，极其精美，也是在史书中首次明确记载钱文的书者姓名。早期“开元通宝”郭精细峻深，文字精美，钱径 24~25 毫米，穿径 7 毫米，郭宽 2 毫米，重约 4.5 克。四字含八分及隶体，笔画端庄沉稳，“开”字间架匀称，疏密有致；“元”字首画为一短横，第二笔左挑，背最初无文；“通”字的“辶”前三笔各不相连，呈三撇状，“甬”部上笔开口较大；“宝”字着笔庄重，其“贝”部内为两短横，不与左右两竖笔连接。中期“元”“通”“宝”三字不甚匀称，“元”字左、右挑或双挑，“宝”字较小，背多月纹（月纹相传出自杨贵妃或文德皇后，其实早在东汉灵帝时已经出现），间有星、星月纹。后期开元通宝边郭较宽，铸造草率，大小不一，常有错范。

◆ 唐高宗时期

开元通宝铸行不久，唐高宗和武则天接连对外用兵，民财的大肆搜刮使得私铸蜂起，恶钱问题逐渐涌现出来，这就是所谓的麻烦了盛唐几十年的铸币减重问题。江淮以南地区是恶钱的主要出土地点，质恶劣轻钱统称为“恶钱”，另有熟铜、鹅眼、排斗等多种名称。

高宗显庆五年（660 年），为了打击私铸，整顿经济，下令收买恶钱，其收买比例为 5∶1，也就是每 5 枚恶钱兑换一枚新钱，但恶钱造价太低，民间反而收藏起来备用。后又下令以糙米和粟回收恶钱，但总是越收越多，以失败告终。无奈之下，唐高宗下令铸“乾封泉宝”钱币。

◆ 唐朝“乾封泉宝”钱币

乾封泉宝：铸于高宗乾封元年（666 年）。面文隶书，旋读，将年号与通宝之意结合在一起，是唐代第一枚年号钱。此钱铸制精美，字口深峻，钱身硬绿锈，钱径 25 毫米，穿宽 7 毫米，厚 1.4 毫米，重 4.4 克。实为虚币，铸时仅 8 个月。唐朝政府速将其回笼销熔改铸“开元通宝”，由于折当悬殊，故民间私藏旧钱，以致商货不行。一年后罢废回收新钱，规定天下俱铸“开元通宝”。

◆ 唐肃宗时期

乾元重宝：铸于肃宗乾元元年（758 年），以一当十，又称“乾元当十钱”与“开元通宝”两品并行。钱径 27 毫米，重 5.97 克，面文隶书，顺读，书法精妙，有光背及背下俯月、朱雀、穿上或穿下祥云或星文的。后于乾元二年（759 年）铸“乾元重宝重轮钱”，钱背面外郭双层，故叫“重轮钱”，面文隶书，顺读，此为“重宝”形式的首次出现，“开元通宝”一当五十，与“乾元重宝”“开元通宝”三品并行。这两种“重宝”在发行中不断减值，“乾元重宝重轮钱”流通至第二年，即乾元三年（上元元年，760 年），在陕西京畿一带抬高“开元通宝”的价值至以一当十，减“重轮乾元重宝”为一当三十，实际上“乾元重宝重轮钱”的价值仅相当于三枚“开元通宝”。

◆ 唐朝“乾元重宝”钱币

◆ 唐朝“乾元重宝”背“祥云”钱币

安史之乱后，于宝应元年（762 年）改变折当比例，“乾元重宝”以一当三，“乾元重宝重轮钱”小钱一当二，“乾元重宝重轮钱”大钱一当三，这实际上已接近其实际价值，最后大小钱皆当一。因此大钱被销毁而退出流通，市场上开始正常使用“开元通宝”。

◆ 唐朝“得壹元宝”钱币

◆ 唐玄宗时期

唐天宝年间，大唐帝国到达鼎盛时期，但盛世下却隐藏着危机，天宝十四年（755 年）十一月，安禄山、史思明起兵反唐。这就是唐朝历史上著名的“安史之乱”。乾元二年（759 年），史思明在范阳称“大燕皇帝”，上元元年（760 年）六月，铸“得壹”钱。

“得壹元宝”制作工整，其背面一般都有月纹。钱径约 35 毫米，重 12.5 克左右。其中，穿上、下、左、右皆铸有月纹之币，尤为罕见。据说，星月纹寓意“进步”和“成功”。

“得壹元宝”传世不多，早有“顺天易得，得壹难求”之说，因而“得壹元宝”素为古钱收藏界珍视。清代一本叫《古泉丛话》的书中讲了一个故事：一个典当者将一枚“得壹元宝”典当给一个山西人，山西人爱不释手，给典当者“钱三万”。山西人说，这是自己故意抬高了它的身价，给了三万，这样典当者就别想再来赎回它；典当者却说，自己是故意贬低它的价值，只当了三万，正是为了以后能赎回它。可见此钱的稀罕程度。

史思明攻占洛阳，因军事上不顺利，被唐军围追堵截，便迷信于“得壹”钱是不祥之兆。后以为“得壹”不吉，改铸“顺天元宝”，仍为隶书旋读，钱径 36 毫米，重 18 克，也为当百大钱，背有星、月纹；大型者钱径 39 毫米，重 21.5 克。

◆ 唐朝“顺天元宝”中字背“上细月”钱币

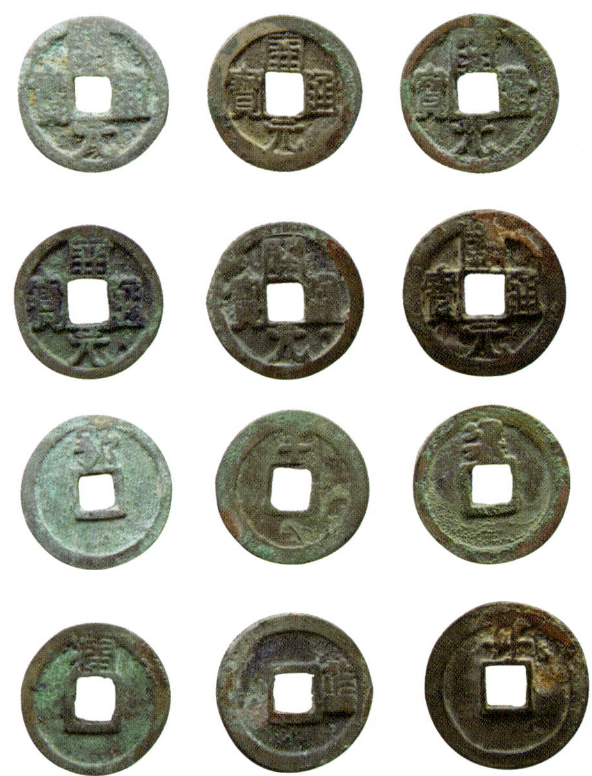

◆ 唐朝“会昌开元”背“地”名

◆ 唐武宗时期

武宗会昌五年（845 年），废天下佛寺 4600 余所，销毁铜像法器为铜料，令各道自铸“开元通宝”，一般称“会昌开元”，表示为会昌年间铸造，这也是背文纪年号的开始。大小径寸如“开元通宝”，背铸州名，如京师铸“京”字、扬州铸“昌”字。各地铸钱工艺存在着明显的差别，多数周郭偏斜，铸文模糊。时过一年，“会昌开元”停铸。“会昌开元”主要背文为：“昌”（淮南扬州）、“京”（京兆府）、“洛”（洛阳）、“鄂”（鄂州）、“兖”（兖州）、“润”（浙西）、“丹”（丹州）、“兴”（兴元府）、“益”（西川）、“梓”（东川）均在穿上，“襄”（襄州）、“福”（福州）、“梁”（梁州）在穿上或穿右，“平”（平州）在穿上下，“荆”（江陵）、“广”（广州）、“桂”（桂阳）、“蓝”（蓝田）在穿右，“潭”（湖南）、“宣”（宣州）在穿左，“越”“永”（永平）在穿下，“洪”（江西）在穿四周。“永”字开元非常罕见，“清”“蜀”“西”为伪品。“会昌开元”的铸行使钱币量大增，但不久宣宗继位，又以铜钱熔铸佛像，致使通货一直短缺。

宋朝钱币

两宋共历经 18 帝。北宋一共有 9 位皇帝，历经 160 多年；南宋一共有 9 位皇帝，历经 150 多年，一共 300 多年，铸造的钱币种类多样而且数量较多。北宋每年铸钱数额都相当于唐朝的 20 倍左右。宋钱仿唐“开元通宝”，但铸币质量不佳。唐“开元通宝”含铜一般在 83%以上，而宋钱当中上佳的品种仅 65% ~66%且成色较差。但宋钱的制作技术高超，钱文精美，大小不变。

宋朝钱币的特征

宋钱存世量非常大，后世挖掘的量更是不计其数。比如，湖北黄石地区出土的窖藏钱币，仅一次发掘，数量便超过 22 万斤，当中的大多数便是宋钱。曾经有人对 48 个地方出土的 55 万余枚铜钱做过统计：中国钱占 99.8%，中国钱中北宋钱占 83.39%，这就能够明显看出宋朝钱币的数量之巨。宋钱的特点是类型多样繁复，综合来说又有很多的一致性，表现在六个方面。

◆ 北宋“圣宋元宝”钱币

◆ 名称

宋钱的种类繁多，因此钱文也相当复杂。以年号钱为主，“太平通宝”是宋代第一种年号钱，从此年号钱正式流行，但也有非年号钱。宋朝的年号钱基本构成是年号加宝文，非年号钱通常都是国号加宝文，非年号钱的出现也是有一定原因的。北宋 9 个皇帝，一共有 35 个年号，一共制造了 29 种年号钱和 3 种非年号钱（宋元通宝、皇宋通宝、圣宋通宝）。南宋有 9 个皇帝和 22 个年号，铸 19 种年号钱及 3 种非年号钱（圣宋重宝、大宋元宝、皇宋元宝），通常每次更改年号后，就铸一种新钱。因此，两宋的钱币总计有 48 种年号钱，6 种非年号钱。北宋有大小不一的钱 86 种，南宋则有 125 种。如果依据币材、年份、成色、特征、版别、钱监、纪年等因素来仔细区分，更是不计其数。仅神宗时铸的熙宁、元丰两种年号钱，版别就有 100 多种。

两宋的钱币都是通宝钱制，在宋元通宝之后，通常使用“元宝”钱文。庆历年间（1041—1048 年），使用的钱文为“重宝”，自此开始，宋钱开始使用重宝。有时同一种钱，可以称之为通宝，还可以称为元宝或重宝。

宋钱在取名上也有避讳。如仁宗朝的钱币仅有元宝而无通宝，是因当朝刘太后的父亲名刘通。明道二年（1033 年），章献刘太后去世，所以天圣、明道、景祐三种年号钱，只有元宝钱文，也没有通宝钱文，也是因为这个原因。

◆ 北宋“崇宁重宝”钱币

◆ 北宋瘦金体“崇宁通宝”钱币

◆ 面文读序

钱币分顺读、旋读两种，“熙宁通宝”铁钱出现之前的钱币通常是“通宝”的则顺读，“元宝”的钱文则旋读；“熙宁通宝”的钱文则以旋读方式阅读，此后“元丰通宝”“元祐通宝”“元符通宝”“崇宁通宝”都是旋读，只有“元符通宝”铁钱例外。通常都是依据“国用永安崇，平正新万隆，元泉全大洪，真兴玉珍封”的顺序进行排列，南宋宁宗嘉定钱的洪宝之上的 15 种都旋读，真宝下面的 8 种都要顺读，通宝钱文有顺、旋的不同读法，其复杂程度无与伦比。

◆ 背文特征

北宋钱币通常无背文，有文字的通常是纪地。“至和重宝”是最早出现背文的钱币，内容多为“虢”“坊”等。“熙宁元宝”的背文是“衔”（或释为“衡”），具体类型有大钱和小平。“元桔通宝”篆、行成对小平钱，背文为楷书铸刻的“陕”。“宣和通宝”是一种小平钱，使用瘦金体铸刻钱文，背文内容为“陕”字。也有纪值者，如“崇宁重宝”是一种十隶书大钱，背文的内容就是“十”字。

◆ 北宋铁质“政和重宝”钱币

南宋钱币的背文更加复杂。从孝宗淳熙七年（1180 年）开始，铸造了“淳熙元宝”，停止铸造对钱，只使用楷书（“宋体字”），而在钱背标明年份，这就是一种纪年钱：元、柒、捌或七、八，发行了九年之后，改为小写，到淳熙十六年停止铸造。纪年钱的传统一直延续到宋朝末年（欧洲货币到 15 世纪才纪年）。宋末又把纪年修改为纪地、纪监，纪地者如“建炎通宝”使用瘦金体小平，背文内容为“川”（即四川）“汉”；“绍兴通宝”折二钱，背穿上“利”（绍兴监所在地利州）。纪监者的货币有“乾道元宝”小平，背文内容为“同”（舒州同安监）“松”（舒州宿松监）“春”（蕲州蕲春监）。也有同时纪地名和监名的钱币，如“淳熙元宝”小平铁钱，背有“舒”（舒州）、“同”（同安监）。另外还有纪监名和年份的钱币，如“淳熙元宝”小平铁钱，背文内容为“同”（同安监），穿下“柒”“捌”等。另外还有纪地名和当值的钱币，比如说“淳祐通宝”当二十铁钱，背文为“庆”（可能为重庆），穿右“当二”，穿左“十文”。

◆ 北宋“太平通宝”钱币

◆ 应感通宝

◆ 北宋“淳化元宝”钱币

◆ 钱文书法

宋钱的钱文丰富。通常出于书法家之手，书体有篆、隶、行、草、楷等许多种类，如“元丰通宝”，每一种钱常有两三种书体。北宋初年，钱文延续了“开元通宝”的风格，仍为八分（隶书），代表钱币有“宋元通宝”“太平通宝”等。从“淳化元宝”开始，由宋太宗亲自书写隶、行、草三种书体的钱文，这种钱被称为“御笔钱”或“御书钱”。“淳化元宝”也是行书、草书钱文的开端。“至道元宝”的隶、行、草书体均为宋太宗手笔，其中“元”字还是仿效了开元钱的左挑元。从真宗“咸平元宝”开始，钱文当中有了楷书，楷书日益盛行，最有代表性的就是徽宗的“瘦金体”：“崇宁通宝”当中的钱文和“大观通宝”从小平到当十等五种钱上的文字，都是宋徽宗的手笔，铁画银钩，被认为是艺术精品。元丰、元祐钱传说是司马光、苏东坡等人的手笔。篆书中以所谓“九叠篆”文的“皇宋通宝”最为繁复。

由“天圣元宝”开始，宋朝有了“对钱”，通常俗称为“对子钱”，日本称之为“符合钱”，意思就是一个钱监铸造出来的成对钱币，钱文通常有篆、隶、行、草、楷等区别，而其他的方面，如钱文、形制、大小、轮廓、穿孔、厚薄、轻重、铜质都是一致的，字体的大小、位置、笔画、风格均相同。“淳化元宝”的书体有隶、行、草等不同类型，但不能算对钱。北宋钱盛行对钱，南宋初期也铸造了“建炎”“绍兴”“淳熙”等对钱，自孝宗淳熙七年（1180年）铸“淳熙元宝”开始，停止铸造对钱，只用楷书即“宋体字”。

◆ 币值大小

宋钱前期通常为小平钱，仁宗庆历时期铸造了“庆历重宝”，这便是大钱的开端。熙宁四年（1071 年），铸造“熙宁重宝”，兑换率为一当小平十，之后修改为一当三、一当二。由此开始，大钱便以折二钱为主体。南宋也以折二钱为主。总计两宋钱币，分大小已成常例，一般有小平、折二以及折三、折五、当十等大钱。南宋时期还铸造了“淳祐通宝”当百铜铁钱。南宋宁宗嘉定铜钱，有小平、折二、当十，铁钱有小平、折二、折三、折五等类，非常繁杂。

◆ 北宋“庆历重宝”折三

通常说来，小平、折二具有较为稳定的比价，折三以上大钱则在大小和轻重上不一致，比价同样也会因时期和地区的不同而不同。以大小而论，北宋小平钱直径通常为 25 毫米，重 3.4~3.9 克，南宋小平钱的直径为 24.5 毫米，重 3.35 克。折二钱直径 28~31 毫米，折三钱直径则为 30~35 毫米，当五钱直径为 32~35 毫米，当十钱直径为 29~52 毫米，同一等级的钱币直径都有差距，差距最明显的就是当十钱。如果按照时间进行，通常“庆历重宝”的铜钱最初一当小平铜钱三，新铸造的钱币则可以一当小平铜钱十，到了庆历八年（1048 年）最终修改为一当三或二。如果按照地区来分析，“崇宁重宝”的大钱在荆湖、江南、两浙、淮南地区兑换率为一当三，京畿附近、河东、河北、陕西地区则为一当五。到了四川的利州，铜钱则变成了一换铁钱五；绵州，铜钱一换铁钱六；益州，铜钱一换铁钱八，此外，还有铜钱一换铁钱十的情况。

◆ 北宋“咸平元宝”钱币

◆ 北宋“大观通宝”钱币

◆ 钱币材质

宋钱材质多样，有铜、铁、铅、金、银等，主要以铜、铁钱为主。铅钱制作精整的钱币为铅母，多做冥钱使用。南宋临安府铅质钱牌，钱文内容有“准壹拾文省”“准贰拾文省”等；和州、江州铅钱牌，是为了弥补铜钱不足导致的流通问题而铸造的；“夹锡钱”，无法确定主要材质为铜还是铁。此外，还有“大观通宝”“靖康通宝”等小平银质钱。南宋宁宗嘉定钱多为铁钱，少用铜钱，另外还有少量的金质钱。宋朝还有“铁母”及铁钱范铸的铁范铜钱，可是流传到世上的极少。此外，宋代还开始使用纸币。

北宋钱币

宋代铸钱的时候，使用的工艺为母钱翻铸法，因此，铸造出来的钱币在数量和质量上都优于前代。北宋铜铁的铸造效果出色，主要种类是小平、折二钱，钱名主要为通宝、元宝，撰写钱文的书体多为篆、隶、楷、行、草等，书写者主要为帝王或书法名家，钱文分顺读、旋读两种。

◆ 宋太祖时期

宋元通宝：铸于宋太祖建隆元年（960年）。根据《宋史·食货志》中记载，应称其为“宋通元宝”。宋元通宝与开元通宝的标准一样，钱径26毫米，重3.4克。背多有星、月纹，背星、月合一者少见，“元”字右挑者罕见。阔郭，另外四川地区铸有铁钱，铁母稀少。

◆ 北宋“宋元通宝”钱币

◆ 宋太宗时期

太宗太平兴国、淳化、至道年间铸有"太平通宝""淳化元宝""至道元宝"等钱币。

太平通宝：铸于北宋太宗太平兴国年间（976—984年），是宋代第一种年号钱。太平通宝形制和宋元通宝相似，面文书体真书兼八分，光背或有星月纹。小平钱出土很多，另有铁钱和铁母，版式有小平、折二、折五、折十。

淳化元宝：铸于北宋太宗淳化元年（990年）。相传面文为宋太宗赵光义手书，即所谓的"御书体"，分楷书、行书、草书3种书体，而楷体一种的"元宝"二字仍然属于"隶书"。旋读，光背。其中所谓"缩水淳化"较稀少，有小平铁钱及隶、行书的铁母，大铁钱系淳化二年（991年）铸于川陕地区，珍稀。

至道元宝：铸于北宋太宗至道年间（995—997年）。面文书体分真、行、草3种。钱径25毫米，重3.8克。"至道元宝"行书小平光背，有铜、铁两种，铁钱罕见，有行书铁母存世。淳化、至道钱少见背星者。

◆ 北宋"太平通宝"钱币

◆ 北宋“淳化元宝”钱币

◆ 北宋“至道元宝”钱币

◆ 真宗时期

真宗咸平年间（998—1003 年）铸造的“咸平元宝”分为小平、折二、折五、折十等几种钱币，材质为铜、铁，使用楷书铸造钱文，钱径 24 毫米，重 3.3 克。真宗景德年间（1004—1007 年）铸“景德元宝”铜、铁钱，使用楷书书写钱文，钱文“德”中间故意少了一横，有小平钱、折二、折五等几种，钱径 25 毫米，重 4 克。大中祥符元年（1008 年）铸造的“祥符元宝”“祥符通宝”，使用楷书书写钱文，钱币的类型包括小平、折二、折三、折五、折十等若干种，小平钱以背有星、星月合纹，也有阔缘厚肉的“饼钱”，还有大小铁钱及钱母大钱。“祥符通宝”铜钱为真宗御书，背星者少见，只有小平钱。天禧年间（1017—1021 年）铸造“天禧通宝”小平钱，钱文楷书有大小的分别，以缩缘小字者少见，铁钱稍大似折二型，少见，传世有个别折二型铁母。

◆ 北宋“宋元通宝”钱币

◆ 北宋“天禧通宝”钱币

◆ 北宋“至和元宝”钱币

◆ 北宋“明道元宝”钱币

◆ 北宋“天圣元宝”钱币

◆ 仁宗时期

宋仁宗天圣元年（1023 年）铸造了“天圣元宝”钱，以铜、铁为材质，钱文使用篆、楷等书体铸造。明道元年（1032 年）铸“明道元宝”，钱文则使用篆、楷等书体，钱径 24 毫米，重 3.3~4 克。

景祐元年（1034年）铸造的“景祐元宝”钱币，以铜、铁为材质，钱文则使用篆、楷书体。宝元二年至皇祐六年（1039—1054年）铸造了“皇宋通宝”小平、折二钱，以铜、铁作为材质，钱文篆、楷二体。康定元年（1040年）铸造了“康定元宝”。庆历元年（1041年）又铸造了“庆历重宝”铁钱。最后到了至和元年（1054年）还铸造了“至和元宝”“至和重宝”“至和通宝”对钱。嘉祐年间（1056—1063年）铸“嘉祐元宝”“嘉祐通宝”对钱。

◆ 景祐元宝

◆ 嘉祐元宝

◆ 至和元宝

◆ 北宋“治平通宝”钱币

◆ 北宋“熙宁元宝”钱币

◆ 北宋“元丰通宝”钱币

◆ 英宗时期

英宗治平年间（1064—1067 年）铸造了“治平通宝”“治平元宝”铜、铁对钱，钱径 25 毫米，重 3.6 克，钱文使用楷、篆、古篆等书体铸造，顺读、旋读都有。

◆ 神宗时期

神宗熙宁、元丰年间（1068—1085 年）铸有“熙宁元宝”“熙宁通宝”“熙宁重宝”“元丰通宝”“元丰重宝”等钱币。

熙宁元宝：铸于神宗熙宁年间（1068—1077 年）。小平铜钱钱径 25 毫米，重 3.6 克。面文书体篆书、楷书成对，旋读，版别很多，隶书者少见。有背“衡”纪地钱，较少，也可成对钱。小平铁钱也可成对钱。

熙宁通宝：铸于神宗熙宁年间（1068—1077 年）。小平铁钱较少见，铜钱存世量极其稀少。铁母大钱罕见，铁钱多见且分大小。

熙宁重宝：铸于神宗熙宁年间（1068—1077 年）。全部为折二型铜钱，钱径 30 毫米，重 7.5 克，阔缘背小星者少见。楷、隶、篆成对钱。

元丰通宝：铸于神宗元丰年间（1078—1085 年）。钱径 25 毫米，重 3.6 克，隶书者俗称“东坡元丰”，较少。小平铜钱面文书体有篆、隶、行 3 种，背小星者较常见，背有月纹者大约重 7.2~7.6 克，篆、行成对，背多见仰月、星纹，有的甚至背有三星。行书铁钱背有“铜”字者以及篆、行书铁母罕见。还有个别试铸的“元丰重宝”大铜钱，存世极罕。

◆ 北宋“元祐通宝”钱币

◆ 哲宗时期

哲宗元祐、绍圣、元符年间（1086—1100 年）铸有“元祐通宝”“绍圣元宝”“绍圣通宝”“元符通宝”等钱币。

元祐通宝：铸于哲宗元祐年间（1086—1094 年）。有小平、折二两种，为铜、铁两质，面文书体篆、行成对，铜钱有与“天圣元宝”合背者，面文篆书由司马光、苏轼手书。有小平、折二、折三三种。小平铜钱钱径 25 毫米，重 3.6 克，背“陕”对钱珍稀；折二钱径 30 毫米，重 8 克。小平、折二铁母大钱罕见。

绍圣元宝：铸于哲宗绍圣年间（1094—1098 年）。面文书体有篆、行、隶 3 种。“绍圣元宝”有小平、折二、折三、折五 4 种，有铜、铁两质。小平钱广穿者较多，另背多有星、月纹，上月下星者少见。超大型绍圣元宝，铁质，面文书体隶书，外径 202 毫米，内径 46 毫米，厚 6.5 毫米，重 841 克。

绍圣通宝：铸于哲宗绍圣年间（1094—1098 年）。有铜、铁两质，外径 24 毫米，内径 5 毫米，小平光背，外观甚是完整。仅见小平楷书，存世罕见，价格较高。铁钱较少，面文楷书，字大小不一，多为顺读，背“上”铁钱少，背穿下“施”字旋读铁钱及铁母珍罕。

元符通宝：铸于哲宗元符年间（1098—1100 年）。面文书体有篆、楷、行三种，有铜、铁两质。字迹端丽，旋读，钱背光而无文。有小平、折二两种，旋读或顺读，铜钱面文篆、行成对，铁钱面文篆、隶、行成对；形制与元祐、绍圣大致相同，而数量却较少些。小平铜钱篆书背“陕”者罕见，小平铁钱背穿上“上”“汾”者少见，铁母珍罕。楷书小平钱与折三大铁母都是稀世珍品。楷书小平钱形态工整而品格俊美。

◆ 徽宗时期

徽宗在建中靖国元年（1101 年）铸有“圣宋元宝”“圣宋通宝”钱币，又于崇宁、大观、政和、重和、宣和年间（1102—1125 年）铸有“崇宁通宝”“崇宁重宝”“大观通宝”“政和通宝”“政和重宝”“重和通宝”“宣和元宝”“宣和通宝”等钱币。

圣宋元宝：铸于徽宗建中靖国元年（1101 年）。面文书体有篆书、行书两种，字多变化，皆旋读，钱背光而无文。小平钱钱径 25 毫米，重 4 克左右。折二钱钱径约 30 毫米，重 7.8 克，平钱中佳品很多，尤为珍贵的品种是真书面文，篆书长“宝”盖。

◆ 北宋“圣宋元宝”钱币

崇宁通宝：铸于徽宗崇宁年间（1102—1106 年）。面文为徽宗御书，有小平、当十两种，小平钱径 26 毫米，重 3.2 克；折十者钱径 35 毫米，重 12 克。官方无载崇宁有折二、折三型，经考证为私铸、后铸。崇宁版别很多：有铁钱，大钱有错范、合背者；小平样钱、当十大字及背四出铁钱、铁母等。

崇宁重宝：铸于徽宗崇宁年间（1102—1106 年）。钱径 35 毫米，重 11~12 克，面文书体隶书，当十钱有铜、铁质，背星、月纹者较少，背“十”字者尤少，私铸的往往钱形薄小。

◆ 北宋“崇宁通宝”钱币

◆ 北宋“大观通宝”小平钱币

大观通宝：铸于徽宗大观元年（1107 年）。有小平、折二、折三、当十等多种版别。面文“大观通宝”四个字中的“大”字，最后一捺虽有长有短，但最长的也仅略超过方穿的右上角。面文为徽宗御书，小平钱径 25 毫米，重 3.8 克；折十者钱径 41 毫米，重 10 克；行书小平铁钱非常少，铁母更是珍罕。金、元时期，大观通宝还有铸造，这时期的特点是多阔缘或背有星、月等纹。

◆ 北宋“政和通宝”折三型铁钱币

政和通宝：铸于徽宗政和年间（1111—1118 年）。有小平、折二型铜钱及折三型铁钱三种，对钱有数十种之多，面文书体有篆、隶两种。特色之处是隶书中杂有楷意，有时也称作楷书。小平铜钱存世量大，版别复杂，变化多在“政”和“通”上。铁钱铸造量极大，现在存世较多。另有珍罕的银质“政和通宝”，是古泉大珍。

重和通宝：铸于徽宗重和元年（1118 年）。小平钱，面文书体有篆、隶两种，有铜、铁两种材质。铜质对钱，铸工异常精整，罕见。小平钱，光背，面文为隶、篆对照，字文俊美，厚肉深郭，深受历代钱币收藏者的珍爱。又加之其行用时间极短，因战乱、朝代更换等原因，存世极少，因此其收藏价值很高。

◆ 北宋“重和通宝”小平篆书钱币

宣和通宝：铸于徽宗宣和元年（1119 年）。有小平、折二、折三 3 种，有铜、铁两种材质，面文书体隶、篆成对，版别复杂；有白铜样钱、金银质小钱，有背星、月、星月、“楷通”“圆贝”等珍稀版别。面文为徽宗御书，瘦金体而背无“陕”字者罕见。小平钱径 25 毫米，重 3.5~3.8 克，折二者钱径 30 毫米，重 7 克。

◆ 北宋“宣和通宝”楷“通”书钱币

◆ 靖康时期

钦宗靖康年间（1126—1127年）铸有“靖康元宝”“靖康通宝”钱币，靖康钱有小平，折二，折三铜、铁钱，还有个别银质钱。“靖康通宝”顺读，有大小之分，篆、楷成对。小平钱径25毫米，重3.5克。“靖康元宝”旋读，篆、隶成对，另有折二隶书和折三篆书铁钱。均为珍品，以铸量少、版别多著称。

◆ 北宋“靖康元宝”小平钱币

南宋钱币

南宋的铸钱规模和北宋相比相差悬殊，钱背文的内容通常是纪监、纪地、纪值、纪年号年数，铸造钱文的书体有真、草、隶、篆等，主要为楷书。两淮、京西、荆门、四川流通铁钱，东南地区主要流通铜钱。

◆ 高宗时期

高宗建炎元年（1127 年）铸有“建炎通宝”“建炎元宝”“建炎重宝”钱币。绍兴年间（1131—1162 年）铸有“绍兴元宝”“绍兴通宝”钱币。

◆ 南宋“建炎通宝”钱币

建炎通宝：铸于高宗建炎元年（1127年）。有小平、折二、折三3种，面文书体有篆、真两种，有铜、铁两种质地，顺读，多为光背，可配对钱。小平钱径24毫米，重3.5克；折二钱径28毫米，重5.5克以上；折三钱径30毫米，重9.3克。

建炎元宝：铸于高宗建炎元年（1127年）。小平钱，面文书体有篆、隶两种，面文旋读，光背。铸造量极少，皆为古钱大珍。

建炎重宝：铸于高宗建炎元年（1127年）。有折二、折三两种。折二是铁钱，折三是大铜钱，面文书体篆书，顺读，光背，钱径33毫米，重9.5克左右，较北宋大为减重，此钱铸行于江浙及两湖地区。

◆ 南宋“建炎通宝”折二钱币

◆ 南宋“绍兴通宝”折二钱币

绍兴元宝：铸于高宗绍兴年间（1131—1162 年）。有小平、折二、折三 3 种，面文书体有篆、楷两种，旋读，铜质。绍兴元宝小平钱极少见。折二型背常带有上月下星、星、月等，私铸者大小似小平而铸工粗劣。

绍兴通宝：铸于高宗绍兴年间（1131—1162 年）。有小平、折二、折三 3 种，面文书体楷书，顺读，有铜、铁两种质地，铁钱背上多为“利”字；小平铜钱较少，铁母就更加珍罕，折五、当十大铜钱极罕见，属于试铸品。

◆ 孝宗时期

孝宗隆兴、乾道、淳熙年间（1163—1189 年）铸有“隆兴通宝”“乾道元宝”“乾道通宝”“淳熙元宝”“淳熙通宝”等钱币。

隆兴通宝：铸于孝宗隆兴元年（1163 年）。仅见楷书顺读铁钱，有小平和折二两种。小平铜钱为私铸，其余铜、铁钱，面文书体篆、楷成对，旋读，背素。

乾道元宝：铸于孝宗乾道元年（1165 年）。有折二铜钱，以及多种铁钱存世。铜钱面文书体为篆书、楷书成对；铁钱种类繁多，有的背有星月纹，背文“正”字者少见。未见小平铜钱，铁钱有小平、折二两种，面文书体为篆、楷、隶 3 种，版别复杂，除背素外，背文还有“正”“同”“春”“松”“邛”“冶”“广”“裕”“丰”“泉”等字，背文“泉”者少见，背素小平铁母及背有“同”“春”“松”字的折二铁母罕见。

◆ 南宋“乾道元宝”折二钱币

◆ 南宋“淳熙元宝”折二上月下星钱币

淳熙元宝：铸于孝宗淳熙年间（1174—1189 年）。有小平、折二、折三 3 种；面文书体有真、篆、隶 3 种；有铜、铁两种材质，背纪地支及星月纹等。小平铜钱径 23~25 毫米；折二钱径 27~28 毫米，背素或背有星月、“正”“泉”等，其中小平隶书铜钱极珍罕；淳熙七年起纪年，背以“柒”至“十六”这些数字纪年（“九”以后改为小写），此后钱文以宋体为主，对钱渐渐消失。

◆ 南宋“绍熙通宝”背“春三”钱母

◆ 光宗时期

绍熙通宝：铸于光宗绍熙年间（1190—1194 年）。有小平、折二两种，以铁钱居多，面文楷书或篆书，有顺读和旋读，背有纪监文字和纪年文字“春”“定”“汉”和“二”“三”“四”等，一般穿上纪监兼穿下纪年，篆书背“春三”“定三”铁母珍罕。还有个别“绍熙通宝”折五背“四”楷书大铜钱发现。

◆ 宁宗时期

宁宗庆元、嘉泰、开禧、嘉定年间（1195—1224 年）铸有“庆元通宝”“嘉泰通宝”“开禧通宝”“嘉定元宝”等钱币。

庆元通宝：铸于宁宗庆元元年（1195 年）。有铜、铁两种质地。“庆元通宝”铜钱有小平、折二、折三 3 种；面文均旋读，小平、折二铜钱背穿下有“元”至“六”的纪年文字。折三铜钱背穿下有“四”至“六”纪年文字。折二铜钱有光背的，也有仿瘦金体折三背穿上“永”字铜钱的，皆为珍罕古钱。“庆元通宝”铁钱有小平、折二、折三 3 种；面文以旋读为主，顺读的较少，背有纪监兼纪年，还有纪值的。“同”“春”“汉”等纪监文字和“元”至“七”纪年文字为小平、折二者钱背所有；折三铁钱穿下有“五十”至“五六”纪炉次数字，背穿上有月与双星纪值符号，有的穿上“利”并纪年兼穿下纪炉次者，也有背穿上为监名“利州”穿下纪炉次者。穿下“五一”穿上月与双星的铁母珍罕。

嘉泰通宝：铸于宁宗嘉泰年间（1201—1204 年）。有小平、折二、折三 3 种，铜质。小平、折二面文楷书，顺读，纪年文字背穿上有“元”至“四”。折三钱面文旋读，背素。

◆ 南宋“嘉泰通宝”钱币

开禧通宝：铸于宁宗开禧元年（1205 年）。有小平、折二、折三 3 种，有铜铁两种材质。铜钱面文楷书，旋读，背文纪年有“元”至“三”，也有背素者，较少。另外，有当十背“利”字“开禧通宝”铜钱，是古泉珍品。“开禧通宝”铁钱面文楷书，以旋读为主，顺读其次，“元”至“三”纪年兼纪“同”“春”“汉”等监名，背“同二”等铁母珍罕。

嘉定元宝：铸于宁宗嘉定元年（1208 年）。有铜、铁两种材质。“嘉定元宝”铜钱目前仅见当十型，面文楷书，旋读，背穿上下“折十”，为罕见品；铁钱有 4 种，即小平、折二、折三、折五，面文分楷书或篆书两种，纪监、纪年、纪值、纪炉次都有，顺读或旋读。

◆ 南宋“开禧通宝”钱币

◆ 南宋“嘉定元宝”折十钱币

◆ 南宋“绍定通宝”钱币

◆ 理宗时期

理宗绍定、端平、淳祐、景定年间铸有“绍定通宝”“端平通宝”“淳祐通宝”“皇宋元宝”“景定元宝”等钱币。

绍定通宝：铸于理宗绍定年间（1228—1233 年）。有铜、铁两种材质。铜钱面文楷书，顺读，有小平、折二、折三 3 种，背纪年“元”至“六”；铁钱面文楷书，顺读或旋读，纪年兼纪监“春”“汉”。

◆ 南宋“端平通宝”钱币

端平通宝：铸于理宗端平元年（1234 年）。有铜、铁两种质地。铜钱面文楷书，顺读，仅见背素折五钱；铁钱有小平、折五两种，小平背纪监、纪年，并有背“春元”铁母发现；折五背穿上纪监、纪值有“惠伍”等发现，穿下有“东上”“东中”“东下”“西上”“西中”“西下”以纪范。

淳祐通宝：铸于理宗淳祐元年（1241 年）。有铜、铁两种质地。铜钱有小平、折二两种，面文楷书，顺读，背文有“元”至“十二”；铁钱有小平、折二、折三、折五、当十 5 种，背穿上“庆”、穿左右“当二十文”铁钱均罕见，除此之外，淳祐通宝也有铅钱。

景定元宝：铸于理宗景定年间（1260—1264 年）。有小平、折二两种铜钱，面文楷书，旋读，背穿上纪年“元”至“五”，也有背素者。

◆ 南宋“景定元宝”折二背“元”钱币

◆ 南宋“咸淳元宝”折二背“三”钱币

◆ 度宗时期

咸淳元宝：铸于度宗咸淳年间（1265—1274 年）。有小平、折二两种，面文楷书，顺读，背文纪年“元”至“九”，咸淳之后，虽有德祐、景炎、祥兴年号，但由于当时的社会环境，南宋朝廷已无力铸钱。

元朝钱币

1206 年，成吉思汗统一蒙古，建立蒙古国。1271 年，忽必烈定国号为元，至 1368 年，共 10 帝。入主中原后仅有三朝铸钱，武宗至大年间（1308—1311 年）改为银钞，银、钱并用，但铜钱仍铸量不足，所以用旧钱补充流通。

元钱币分供养钱和政府铸行用钱两大类。正式铸行的流通用钱的钱文为通宝、元宝，此类钱多铸工精整、文字精美；供养钱多粗劣薄小，但是也有精致大钱。供养钱，厌胜钱属，亦称“供佛钱”“庙宇钱”。供养钱钱文随意，除年号加元宝外，还有年号加年数、加干支等；钱背常有“护圣”、太乙”“香殿”等字。

钱文有蒙汉两种，蒙文即八思巴文，八思巴文钱是从至元钱开始。钱上纪年、纪值、纪监。除铜钱外，还有金、银钱。值得一提的是，元钱中有特殊的权钞钱，所谓权钞就是以金属代替纸币，这与纸币代替金属截然相反，是世界货币史上的特例。

◆ 元朝“延祐通宝”供养钱币

大朝时期

大朝通宝：铸于蒙古汗国在改称元以前称大朝时期（1206—1271 年）。面文楷书，顺读，光背无文。有的“大”“通”“宝”三字仿“大观通宝”，有瘦金体书意，背素，有的背有“十”“〤”等，有银质、铜质两种，均为小平钱，存世极少，铜质更罕见。

英宗时期

至治通宝：铸于英宗至治年间（1321—1323 年）。有小平钱和大钱两种。面文穿上下为八思巴文“至治”，穿右为察合台文“通”，穿左为西夏文“宝”，共同组成释为“至治通宝”，顺读；背文为汉文楷书“至治通宝”，楷书顺读，极珍罕，“至治元宝”和“至治元年”为小钱。

◆ 元朝“至治通宝”钱币

泰定帝时期

泰定通宝：铸于泰定帝泰定年间（1324—1328 年）。面文楷书，顺读，有大、小两种，大钱铸制精工，边郭完整，面文清晰，光背无文。存世量极少。

文宗时期

至顺通宝：铸于文宗至顺年间（1330—1333 年），面文楷书，顺读，广穿，背穿上下“太乙”或“护圣”两字，为供养钱。至顺三年（1332 年）铸“至顺壬申”钱，背文“太乙”“护圣”，也是供养钱。

顺帝时期

至元通宝：铸于顺帝至元年间（1335—1340 年）。元世祖忽必烈于 1285—1294 年也曾铸造过“至元通宝”钱，但只有汉、蒙两体小平至折三共六品。而元顺帝所铸造的“至元通宝”版式繁杂，变化无常，除光背外，有背“玉”、背星月、背异文及供养钱等。有小平、折二、折三 3 种，小平钱、折二少见，折三罕见，背穿上“玉”字者罕见，背星月者也很少，另外还有“至元通宝”四体文钱。

◆ 元朝“至元通宝”钱币

◆ 元朝“至正通宝”钱币

至正通宝：铸于顺帝至正十年（1350 年）。面文为汉字楷书，顺读，分纪值钱和地支纪年。纪值钱有 4 种：一为背穿上有八思巴文纪值，有背上“三”“五”“十”三等，背“十”等；二为背穿上有八思巴文“十”，穿下汉文楷书“壹两重”，存世较少；三为背穿上八思巴文、穿下汉文纪值，有背“二”“三”两等，以背“三”为珍，谱录有背“十”大钱极罕见；四为背穿上有八思巴文“戌”“亥”纪年，穿下一星加汉文楷书“五”“十”纪值。地支纪年钱，分小平、折二、折三 3 种，面文为汉字，顺读，背八思巴文“寅”“卯”“辰”“巳”“午”，分别指庚寅、辛卯、壬辰、癸巳、甲午 5 个年份，也就是至正十至十四年；背“寅”“卯”者罕见，为珍。

“至正之宝”权钞大铜钱：铸于元顺帝至正年间（1341—1368 年）。钱体厚重，制作精良。有折十、二十、三十、五十等类型。铸工精美，面背均为汉文楷书，据说为周伯琦所书，遒劲秀美，面文顺读，背穿上有“吉”（可能指江西吉安），穿右“权钞”，穿左为“伍分”“壹钱”“壹钱伍分”“贰钱伍分”“伍钱”等字，分成 5 等，钱径依次为 42 毫米、50 毫米、60 毫米、70 毫米、80 毫米。以本身有价值的钱币来代表本身没有价值的纸币。至正钱在铸工、文字、铜质方面均为元代最佳。

◆ “至正之宝”权钞壹钱伍分

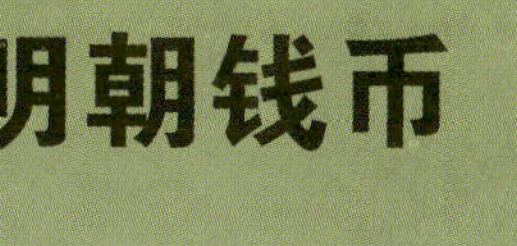

明朝钱币

明钱币属通宝体系。明朝颁行“洪武钱制”，称前朝钱币为旧钱，本朝官炉所铸钱币为制钱。但明政府始终想推行纸币制度，对金属钱时禁时放，导致了“洪武钱制”实行不利。

洪武有五等制，以平钱为主，明后期才铸折二钱，天启有当十钱，崇祯的折五、当十钱或未行用。

明钱币顺读，楷书，仅南明个别钱币为篆、隶、行书，始为红铜或青铜，嘉靖以后改为黄铜。嘉靖至万历前期钱币铸工精湛、铜质精良，著名者如金背、火漆、镟边等。天启时期也有质量较高的钱币，如“白沙钱”等。

明朝前期钱币版别简单，后期从万历、天启开始复杂起来，崇祯钱成为中国古代钱币中最复杂的一种。

◆ 明朝“大中通宝”钱币

◆ 明朝“洪武通宝”背“五钱”钱币

太祖时期

洪武通宝：铸于明太祖洪武年间（1368—1398 年）面文均为楷书，顺读，共分 4 类，每类有小平、折二、折三、当五、当十 5 级，共 61 种（存世 48 种）。具体的 4 类为：

◆ 背“纪重”钱

钱背穿右各有一钱、二钱、三钱、五钱和一两等纪重文字。铜质，生铜一斤（当时一斤为十六两）铸小平钱 160 枚，折二钱 80 枚，折三钱 54 枚，折五钱 32 枚，当十钱 16 枚。当十大钱则除穿右纪重一两外，穿上加铸“十”字以纪值。

◆ 明朝“洪武通宝”背“桂三”钱币

◆ 明朝“洪武通宝”折三背“京”钱币

◆ 背“纪局名”钱

此钱计有背“京”、“北平”、“桂”（广西）、“福”（福建）、“豫”（河南）、“鄂”（湖北）、“浙”（浙江）、“济”（山东）、“广”（广东）等9种，各有小平、折二、当三、当五、当十5等。其中，背“桂”小平钱有穿上桂和穿上下“桂一”两种，其实一共46种。小平钱至当五4等钱的纪局名大多铸于穿上，仅背“福”、“豫”者字在穿下，背“广”者字在穿右。在这些背文中，“京”“济”“鄂”等字都是少见品。

◆ “背素”钱

背素“洪武通宝”除当十钱外，余4等存世都有发现，尤其以小平光背居多。

◆ 背“纪值”钱

洪武钱纪值文字有“一”“二”“三”“五”“十”5种，都铸于穿上。除广西外（广西所铸的小平钱有两种背文，一种是穿上“桂”字，另一种除穿上的桂字外，穿下有“一”字，这“一”字也是纪值），存世所见有背上“三”“五”“十”等3种。背纪局名当十钱皆加铸“十”字以纪值。背“桂”“广”“福”之折二、当三、当五3等钱，亦加铸“二”“三”“五”纪值文字。

◆ 明朝“洪武通宝”背“济十”钱币

成祖时期

永乐通宝：铸于成祖永乐六年（1408 年）。起初在两京开铸，随后浙江、江西、广东、福建四地相继开始铸造。“永乐通宝”版别较少，铸工精整，均为背素小平钱，钱文秀逸。一般钱径为 24 毫米，重 3.4~3.7 克。另外，有永乐传世当三孤品，穿右直书“三钱”二字，此钱史料无载，应为试铸品。

◆ 明朝“永乐通宝”小平钱币

◆ 明朝“弘治通宝”小平钱币

孝宗时期

弘治通宝：铸于孝宗弘治十六年（1503 年）。为小平钱，光背。一般钱径 24~24.5 毫米，重 3.4~4 克，有大字光背版式，比较少见，传世品有一枚当十大钱，可能是试铸样钱。弘治通宝存世量较其他明代钱币少，制作不精，文字粗拙。从“治”字的三点水旁不同写法，可分为“连水治”和“分水治”两大版别，其中“分水治”较少见，价格较普通明朝钱币高。

世宗时期

嘉靖通宝：铸于世宗嘉靖六年（1527 年）。前期规定每文钱重一钱二分，嘉靖四十三年（1564 年）改为每文钱重一钱二分八厘，还规定用黄铜加锡铸造，二者比例为十比一。“嘉靖通宝”有金背、火漆、镟边 3 种，金背采用“四火黄铜”，火漆、镟边用“二火黄铜”，铸工精湛，其目的就是为了抑制私铸。一般钱径 24.5 毫米，重 3.8~4.2 克，背素小平，版别较多。

◆ 明朝“嘉靖通宝”小平钱币

◆ 明朝“万历通宝”小平钱币

神宗时期

万历通宝：铸于神宗万历四年（1576 年）。也有金背、火漆、镟边 3 种。规定黄铜和锡的比例为十五比一，每文钱重一钱二分五厘。有小平、折二两种，折二钱狭缘双点通，版式较少，基本都背素，个别背穿上有月孕星纹。钱径 28 毫米，重 6.8 克。小平钱前期精整，后期粗劣，钱径 25 毫米，重 3.8~4.2 克。多数背素，也有带星月或文字等背文者。星纹多于月纹，星有大星、小星、圈星等，位置不定；文字有“户”“工”“公”“正”“天”“江”“河”“鹤”“厘”等，存世均较少，其中背“河”“鹤”与穿左“户”者罕见。版式较多，传世还有钱径达 87 毫米的背素大钱孤品。

熹宗时期

泰昌通宝：铸于熹宗天启年间（1621—1627 年）。明光宗泰昌年间并未铸钱，因其在位仅一月，未及铸钱，其子明熹宗于天启元年先补铸其父年号“泰昌”钱，称“泰昌通宝”。

此钱为小平钱，真书，顺读，铜色淡红，也有黄铜钱，版本不多，多背素，少数有背月或星钱，还有钱径达 29 毫米，大如折二钱的宽郭大样钱；也有钱径 23~24 毫米的小钱。

天启通宝：铸于熹宗天启年间（1621—1627 年）。熹宗铸泰昌通宝钱只 1 年，次年便开铸“天启通宝”，同年设立了户部宝泉局，称“钱法堂”，从此由户部主管铸钱。所铸钱币主要用于军需，这时全国形成了三个造币中心，分别为两京及四川地区，天启三年（1623 年），魏忠贤专权乱政，滥铸情况又出现，地方钱局大量出现，因此所铸的天启钱版本极多，差异很大。钱背文大量的出现纪地、纪局、纪重等形式。所以明朝钱币制式的复杂时期是从天启年间开始的。

◆ 明朝“泰昌通宝”小平钱币

◆ 明朝“天启通宝”背“密十一两”钱币

◆ 明朝“天启通宝”背“一钱二分”钱币

“天启通宝”为小平钱，背素或有背文，背文既有星月纹者，也有铸文字者，版式繁杂。背星月纹者，月有大、小、俯、仰及半月的不同，星有大、小、方、圆的差异，有的还组合出现。有 50 多个版别。背文字者，或背纪局地名，有“户”（户部）、“工”（工部）、“京”（南京）、“浙”（浙江）、“云”（云南）、“新”（新厂）、“密”（密云）、“府”（宣府）、“镇”（蓟镇）、“院”（都察院）等；单是币背面的文字，就有很多种，有纪局名、地名的“户”“工”“高”“浙”“福”“云”“密”“镇”“府”“院”“新”；纪重的有“一钱”“一钱一分”“一钱二分”等。天启钱有折二钱，但铸得不多。当十钱种类很多，大小、轻重不一。因此有人认为明朝天启年间所铸的“天启通宝”，开启了我国古代钱币背面版式多样化的先河。

天启通宝小平钱径 25~26 毫米，重约 4 克，背文字小平钱中以背穿上“京”、穿右“奉”、穿上“旨”珍罕。

思宗时期

崇祯通宝：铸于思宗崇祯元年（1628 年），初期每文用铜二钱，锉磨后重一钱二分五厘；崇祯三年（1630 年），改每文重一钱，但在当时内忧外患、经济崩溃的前提下，这个标准是难以达到的。初期所铸的钱均为小平钱，虽然有折二、折五、当十等，但后期一直以小平为主。背有文或无文，背无文钱版别复杂，钱径 24~25 毫米，重约 3 克；有一种阔缘大样钱，钱径 28 毫米，重 4~6 克，铜质金黄、字口深峻、铸工精整，疑为崇祯元年初铸，存世极少；还有大量私铸粗劣钱。背有文钱又可分背星月纹和背文字钱两类。

背星月纹钱的星有大星、小星、巨星、圈星、圈内星、方星等，月有俯仰之分，星多于月，位置不定。

◆ 明朝“崇祯通宝”小平钱币

背文字钱则多达数十种，大体上分4小类：

一为背纪局纪地钱，纪局有“户”“工”“新”“旧”“户旧”（户部旧厂）、“兵”（兵部）、“局”（官局）、“京”“院”9种，纪地有“应”（南京应天府）、“宁”（南京江宁）、“重”（重庆）、“加”“嘉”（四川嘉州）、“泸”（四川泸州）、“忠”（四川忠州）、“贵”（贵州贵阳）、“广”（广东或湖广）、“榆”（甘肃榆林卫）、“太平”（甘肃太平监或广西太平府）、“府”（河北宣府）、“共”（湖北共城）、“鄂”（湖北鄂州）、“青”（直隶青阳）、“江”（南京操江）16种，还有背“清忠”“季”“河”“道”等也可能属于此类。

二为背纪重钱，有“（钱）”“重一（钱）”“新钱”“八（分）”“户|（一）”等种类，“新”“重”“户”分别指南京户部新厂、重庆和户部，“|”为民间“码子”数字“|”，有的兼有星月纹，版别复杂。

三为背纪事钱。有“官”“敕”“旨”“制”“奉制”“行”6种，大约主要纪宠臣宦官奉敕旨铸钱事，背穿上“旨”者罕见。背文字钱的版别也十分复杂，星月纹多变且位置不定。钱径23~24毫米，重约3克，也有稍大较重者。崇祯通宝平钱有一种薄小的背穿下铸奔马图案者，俗称“跑马崇祯”，民间认为寓意不祥。

◆ 明朝“崇祯通宝”背“户二”钱币

◆ 明朝“崇祯通宝”背右“二”钱币

四为背天干纪年钱，穿上“甲”至“庚”7种，指崇祯七年至十三年（1634—1640年），背“丁”者罕见。

折二钱背都有文，分背文字和背星纹两类。

背文字钱分3类：

一为纪重、纪局监钱，有背“户二”“工二”“局二”“江二”“季二”“监二”6种，“二”有不同写法，背“局”“江”“季”者作“‖”，背“监”者作“二”，背“户”“工”者“‖”“二”都有，纪局监与纪重文字位于穿上下、左右、右左。

二为背纪事纪值钱，位于穿上下。“季二”“监二”钱铸工较粗，钱径25~26毫米，重3.5克左右，应为崇祯后期铸造的减重钱，也有钱径28~29毫米的大样钱。版式比小平钱稍简单。背穿右左“季二”、上下“敕二”钱极罕见。

三为背“二”纪值钱，“二”在穿上、右。钱径27~28毫米，穿右“二”者达29毫米以上。

背星纹钱星均在穿上，钱径较大者达29~30毫米，版式划一，铸造规整。应为崇祯初年铸造。

折五钱版式较划一，铸工精整、铜质金黄，钱径34毫米，重11.5~12.5克，仅背文“户五”“工五”“监五”三种纪局纪值钱，背文位于穿右、左。

当十钱钱径约44毫米，重约20克，仅背素阔缘一种，制作精良，少见。

清朝钱币

清朝时期盛行使用银币，钱币材质主要用银，以铜钱为辅，清朝有十种年号的钱，基本都称为“通宝”，听到最多的莫过于“康熙通宝”“乾隆通宝”“嘉庆通宝”“咸丰通宝”“光绪通宝”等。

收藏市场中清朝钱币价值并不高，但也高于宋朝的钱币，大多 5~10 元 1 枚，有些钱币 3 元 1 枚任挑。不过有一些珍罕品种，像雕母、样钱等，价值就不同了。

清朝钱币在近些年来的涨幅已经超过宋代钱币，这是因为宋代钱币出土量大，清朝钱币出土量少，存世量也比宋朝钱币少，也可能是因为清朝纸币流通量大，金属铸币的流通量少的原因。最近两年，许多清朝钱币价格上涨了 10 倍左右，如雍正钱币、同治钱币、康熙罗汉钱等，价格甚至从过去的 1 元 1 枚，涨到百元 1 枚。同治时期品相完整的钱币甚至达到了 300 元 1 枚。

清朝钱币中最有价值的钱币就是太平天国发行的钱币。此外，康熙 60 寿辰之际，户部宝泉局曾经铸造了“康熙通宝”万寿钱，全部用上好铜料精心铸成，金光锃亮，古代就是收藏珍品，当时一度成为压岁钱和嫁女的压箱钱。此外，康熙时期的三藩钱“洪化通宝”也非常值得收藏。

清朝“咸丰元宝”当百钱币

◆ 清朝“顺治通宝”背“宣”钱币

清太祖时期

天命汗钱、天命通宝：铸于清太祖努尔哈赤时期。明万历四十四年（1616年），女真族首领爱新觉罗·努尔哈赤即汗位，国号金，史称后金，建元天命。满文“天命汗钱”、汉文“天命通宝”就是铸造于天命年间，“天命汗钱”，面文使用满文书写，顺序为左右上下，直译“天命通宝”。汉文“天命通宝”，钱径22~28毫米，重2.8~5克，背素，面文楷书，顺读，铸工较差，有红铜、青铜、黄铜之分，版别非常复杂。其实当时的满族人并不使用钱币，大多用作装饰品，通常装饰在衣帽之上，袍襟之前，传说可以防御刀枪袭击。

◆ 清朝“天命通宝”汉文钱币

◆ 清朝“天命通宝”满文钱币

太宗时期

天聪汗之钱：铸于清太宗皇太极时期。1627 年，皇太极继承太祖努尔哈赤之位，改元天聪，铸当十满文“天聪汗之钱”，面文用满文，读序为左右上下，背面仿造明朝钱币“通宝”大钱，背穿左为满文“十”，穿右为满文“一两”。面文按左上下右顺序读，直译为“天聪汗之钱”，俗称“天聪汗钱”。钱径约 44 毫米，重约 26 克。“当十”者为仿明天启当十钱制。写法富于变化，以小字者较稀少。制作精美，边郭坚挺，品相优美，存世量极少。

世祖时期

1644年，清军入关，爱新觉罗·福临至北京，即皇帝位，改元顺治，称为清世祖。顺治仿明法，先后在工部、户部开设宝源局、宝泉局，铸造发行“顺治通宝”。清军刚刚入关时，允许明朝钱币流通，随后就废除了明朝钱币并且要求使用清朝钱币。顺治年间对铸币的成分有严格的规定，成分为铜七成、白铅（锌）三成，实际上就是“黄铜”合金。一千铜钱称为一串，年铸一万二千串称为一卯，铸造一期钱币的额定数称为“正卯”，正卯之外如果有增加铸造的则叫“加卯”。顺治钱的形式并不统一，依据背文不同则分为五种，这在钱币界被称为“顺治五式”：

一是仿明朝钱式，铸造文字为“顺治通宝”，这种钱币无背文。采用这种形式是为了迎合国内民众的需求，也便于新旧钱之间的兑换。

二是仿照“会昌开元”钱制，钱背的铸造文字为纪地或纪局。钱币文字中的“户”“工”标记实际上表明了钱币的铸造局为宝泉、宝源两局。钱重一钱二分，顺治八年（1651年）钱重更改为一钱二分五厘。

清朝“顺治通宝”背满汉文“东”钱币

三是权钱，也叫一厘式钱，即在背面除有局名外，穿左边铸有“一厘”二字，比前一种少了“延、西、莉、襄、云”五局，“一厘”是指权银，一文铜钱折银一厘，一千文铜钱值银一两，此钱从顺治十年（1653 年）时铸行，后停铸。

四是满文钱，面文为“顺治通宝”汉文，背文使用新满文铸刻，穿左右满文为“宝泉”或“宝源”，每钱的规定重量为一钱二分。顺治十四年（1657 年）暂停了外省的铸钱，这种铸钱仅在北京可见。

五是满汉文钱，面文“顺治通宝”汉文，背面铸刻的文字通常为纪局名，穿左为满文钱局名，穿右为汉文钱局名。顺治十七（1660 年）年，户部商议决定重开各省钱局，除宝泉、宝源两局所铸制钱仍为满文钱局外，其他各省钱局所铸钱背文都为满汉文钱，共有十二局：临、宁、原、宜、同、江、东、河、蓟、昌、浙、陕。此种钱式制作较好，铸量多，存世也较多。

◆ 清朝“顺治通宝”背“同一厘”钱币

◆ 清朝“康熙通宝”背“南”钱币

清圣祖时期

康熙通宝：铸于圣祖康熙元年（1662 年）。“康熙通宝”钱重量不等，有一钱四分、一钱、七分 3 种。背文除工部、户部所设的宝泉、宝源两局所铸为满文外，其他外地各钱局铸的通宝钱，其背文左为满文纪地，右为相应的汉字纪地。宝泉局还铸造过俗称为“罗汉钱”的“康熙通宝”，钱径约 21 毫米，重约 4 克。钱体铜色金黄发亮；钱背为“宝泉”二满字。相传是年羹尧熔黄金罗汉所铸，色泽呈金黄色，康熙的熙字较通俗写法少一竖。另有背大清及龙凤纹饰的宫钱，为收藏家所钟爱。另有福建宝福局于康熙 60 大寿时起铸有背穿干支的贺寿钱，每年一品，直至 1722 年一共十年，共得十品，存世罕见。

清世宗时期

雍正通宝：铸于世宗雍正年间（1723—1735 年）。重新制定钱背文式样，依宝泉局、宝源局满文样式，穿左为满文“宝”，穿右为满文局名简称，有“安”（安徽宝安局）、“黔”（贵州宝黔局）、“巩”（甘肃宝巩局）、“浙”（浙江宝浙局）、“济”（山东宝济局）、“河”（河南宝河局）、“苏”（江苏宝苏局）、“昌”（江西宝昌局）、“武”（湖北宝武局）、“晋”（山西宝晋局）、“台”（台湾宝台局）、“云”（云南宝云局）、“南”（湖南宝南局）、“川”（四川宝川局），共 14 种。其中，“河”“南”“晋”“昌”“安”少见，“福”“台”未见。这种背文样式一直延续到清末。“雍正通宝”的重量变更过几次。雍正元年（1723 年），依照康熙四十一年（1702 年）的旧制，每文重一钱四分；雍正十一年（1733 年）改为每文重一钱二分，此后一百多年中，这种规定没有变化过。“雍正通宝”大者钱径 28~29 毫米，重 4.4~4.5 克；小者钱径 23~25 毫米，重 3 克。背满文“宝黔”折二钱钱径 33 毫米，大而稀少。

◆ 清朝“雍正通宝”钱币

◆ 清朝“乾隆通宝”钱币

清高宗时期

乾隆通宝：铸于高宗乾隆年间（1736—1795 年）。面文精美，背穿左为满文“宝”，穿右为满文局名简称，有“户”“工”“苏”“南”“浙”“武”“济”“晋”“川”“黔”“云”“昌”“福”“桂”“直”“广”“陕”等。“乾隆通宝”版别繁多，每文重一钱二分，钱径 26~27 毫米，重 4~4.5 克，重量完全沿袭雍正十一年（1733 年）规定。乾隆朝以前的制钱不加锡，以铜、铅、锌配制，称之为“黄钱”，在乾隆五年（1740 年）规定在铸钱铜料之中加 2% 的锡，称为“青钱”。

乾隆通宝红钱：铸于高宗乾隆二十四年（1759 年）。乾隆时期，政府对新疆的控制力加强，相应地对当地的钱制也作了规定。在新疆叶尔羌铸造了专行于新疆地区的地方钱币，用纯铜铸造，称“普尔钱”即“红钱”，小而厚，比较轻薄，背有满维文“阿克苏”“库车”及满文“宝伊”“宝库”等，还有背穿上下有“九”“喀十”“当十”“库十”“阿十”等字和星、月、角纹等。

乾隆宝藏银币：铸于高宗乾隆五十八年（1793 年）。为了加强对西藏的控制，在西藏铸面文为汉文的铜元式“乾隆宝藏”银币，中有方孔图案但不穿孔，背铸唐古忒藏文，中部为“乾隆宝藏”，边缘为“五十八年”字样。大者重 钱五分，钱径 30.5 毫米；中者重一钱，钱径 26 毫米；小者重五分，钱径 22~24 毫米。

清仁宗时期

嘉庆通宝：铸于仁宗嘉庆年间（1796—1820 年）。“嘉庆通宝”基本承“乾隆通宝”钱制，共有 19 种。还有的将面文“嘉庆”改为“太平”，读为“太平通宝”，其余背文格式也均与此相同，当属吉庆、纪念钱类，也参与流通；还有背穿左草书、穿右楷书“福”“寿”“康”“宁”等字的钱。“嘉庆通宝”钱径 24~26 毫米，重 4 克。因偷工减料，多轻薄小钱，这种钱钱质低劣，文字模糊，在民间称之为“局私钱”。背多星月纹。嘉庆四年（1799 年）按照铜 52%、铅 6.5%、锌 41.5%的比例搭配铸钱，嘉庆五年（1780 年）改为铜 54%、锌 42.75%、铅 3.25%。

◆ 清朝“嘉庆通宝”钱币

◆ 清朝“道光通宝”钱币

清宣宗时期

道光通宝：铸于宣宗道光年间（1821—1850 年）。“道光通宝”正规的钱币钱径仅约 22 毫米，重 3 克多，钱背的钱局名与“嘉庆通宝”完全一致。“道光通宝”偷工减料现象严重，钱形薄小、掺铅过多、铸工粗劣。面文均“道光通宝”，比嘉庆通宝红钱复杂。宝伊局，背穿左右为满文“宝伊”。阿克苏局，或背穿左右为满、维文局名，穿上“八年”以纪年，穿下“五”“十”或“三十”纪值；或背穿左右为满、维文“阿克苏”，其中纪值背“三十”者重达 23.4 克。另外，光绪年间库车局也曾铸道光通宝红钱，背穿左右为满、维文局名“库车”，穿上下为“库十”两字纪局纪值。光绪二十年（1894 年）又铸道光通宝红钱，背穿左右为满文“宝库”，穿上下为“新十”两字。

◆ 清朝“咸丰通宝”小平钱

清文宗时期

咸丰通宝：铸于文宗咸丰元年（1851 年），由于鸦片战争、西方列强的掠夺和太平天国运动的发生，钱局已很难正常铸钱，很多钱局实际上处于停滞状态，即使开铸，也是偷工减料，因而造成“咸丰通宝”制钱精好者少，而粗制滥造的多，大都质劣而轻小，或造成铁钱、铅钱代替铜钱。“咸丰通宝”规定钱重一钱二分，至第二年，变为一钱，但具体铸行大多轻于规定重量。一般钱径 22~26 毫米，重 2.4 ~ 4.2 克，其中大样钱鲜见，更多为私铸劣质薄小钱，其间鹅眼钱重不足 1 克。面文楷书，背文满文局名有“宝源”“宝泉”“宝河”“宝德”“宝东”“宝济”“宝晋”“宝陕”“宝巩”“宝苏”“宝伊”“宝浙”“宝昌”“宝福”“宝台”“宝武”“宝南”“宝广”“宝桂”“宝川”“宝云”“阿克苏”“宝黔”等二十四个局。其中“宝台”“宝德”“宝广”“阿克苏”等局数量极少。

咸丰重宝：铸于文宗咸丰二年（1852 年）。为当十钱，流通区域广泛，一般钱径 36.4 毫米，重 14.9 克。背文满文局名有“宝泉”“源”“直”“蓟”“济”“德”“陕”“巩”“福”“苏”“浙”“河”“武”“宝昌”“云”“川”“桂”“黔”“宝安”“迪”“伊”“阿克苏”“喀什”“叶儿羌”“库车”等。除了宝安钱局仅见部分样钱外，其他各个钱局均有大量不同版别，不同形式，甚至不同材质，不同大小的当十纪值重宝。

◆ 清朝“咸丰重宝”钱币

咸丰元宝：铸于文宗咸丰三年（1853 年）。户部首先开铸当十大钱，重六钱，与制钱相辅而行。又铸当五十钱，重一两八钱。随后又下令各地推行铸造大钱，并添铸当百、当五百、当千钱 3 种；咸丰四年（1854 年）正月，宝源局又铸当五、当二百、当三百、当四百大钱 4 种。在大约一年的时间里，清朝政府开铸的大钱有当四、当五、当八、当十、当二十、当三十、当四十、当五十、当一百、当二百、当三百、当四百、当五百以及当千等约 16 个等级的咸丰大钱。

◆ 清朝“咸丰元宝”当百钱币

◆ 清朝“同治通宝”背“漳”钱币

清穆宗时期

同治通宝、同治重宝：铸于穆宗同治年间（1862—1874年）。铸造钱局为宝泉、宝源、宝云、宝巩、宝苏、宝浙、宝昌、宝川、宝桂、宝直、宝东等。“同治通宝”“同治重宝”大小、轻重不一，面文楷、宋皆有，铜质粗劣，同治年间还曾铸造过大钱，“同治重宝”当十的有宝泉、宝源、宝巩、宝云和新疆的叶尔羌、阿克苏、库车、宝伊等局所铸，折五大钱为宝巩和新疆所铸，折四钱为新疆宝伊局所铸。新疆地区所铸的红钱钱式与之前的基本相同，只有库车局背文富于变化：有穿左右为满、维文局名“库车”者，有穿左右为满文“宝库”者，穿上下或为“库十”或为“新十”，有的背有月纹。存世还有宝泉局颁发的“同治重宝”样钱，一种制作精美，一种铸工粗糙。同治三年，库车拉西丁自立为汗，铸两面察合台文红钱，面文意为“拉西丁汗”，背文意为“库车铸造”，属少见品。

◆ 清朝“同治重宝”宝源当十母钱

清德宗时期

光绪通宝、光绪重宝：铸于德宗光绪年间（1875—1908 年）。铸造钱局为宝泉、宝源、宝云、宝苏、宝浙、宝昌、宝川、宝桂、宝直、宝东、宝蓟、宝黔、宝福、宝河、宝陕、宝南、宝晋、宝武、宝津、宝沽、宝吉等。“光绪通宝”“光绪重宝”大多小而粗劣。面文多以楷书为主，宋体稍少，版别十分复杂。此外，宝云、宝东局制钱有背穿上“金”或穿下“村”者，宝河、宝直、宝云、宝黔局制钱有背文星、月、杠、圈者，宝泉、宝源局制钱有“宇”“宙”“日”“月”“往”“来”等背文者，均属特殊样式。光绪年间宝泉、宝源局还铸造当十“光绪重宝”，背穿右左为满文“宝泉”“宝源”，穿上“当”穿下“十”或“拾”。宝苏局还铸过“光绪重宝”当五钱，此钱制作粗劣。

在新疆地区，喀什嘎尔、库车、阿克苏、宝新局铸有当十“光绪重宝”红钱，阿克苏、喀什嘎尔、库车局背文一般为穿左右或右左满、维文局名，穿上下“阿十”“喀十”“库十”纪局纪值；库车局有背左右或右左满文“宝库”者，穿上下有“九”“十”者。宝新局背左右为满文“宝新”，穿上下“新十”；还有面文“光绪戊申”“光绪丁未”，背穿左右满文“宝库”的干支纪年钱，分别铸造于光绪三十三（1907 年）、光绪三十四年（1908 年）。光绪红钱还有背满文“宝泉”者。

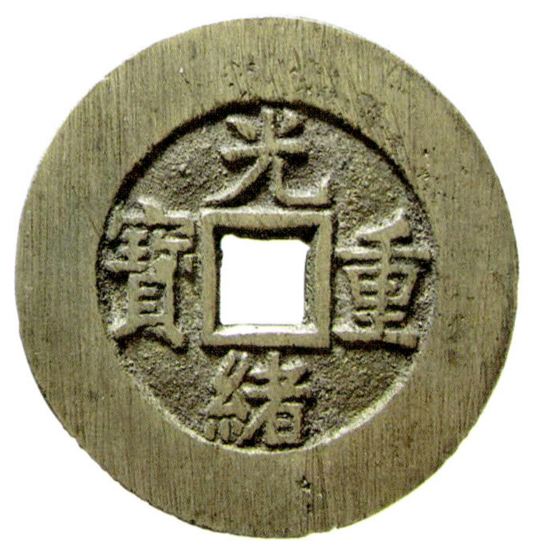

◆ 清朝“光绪重宝”宝武当十部颁样钱

◆ 清朝“光绪通宝”小平钱

光绪八年（1882 年），吉林曾用机器试铸银币，光绪十四年（1888 年）在广东铸机制钱，光绪十五年（1889 年）张之洞在广东宝广局铸造机制钱成功，后在宝泉、宝源及各地宝福、宝漳、宝武、宝浙、宝直、宝吉、宝苏、宝奉、宝宁等局推行，但铸造不多。奉天铸造局还铸过紫铜当十机制钱，江南铸造局试造过当十机制钱，广东铸造局还铸造过“光绪重宝”折五、当十机制钱。光绪三十一年（1905 年）停铸当十大钱，从而结束了清代铸造大钱的历史。

清逊帝时期

宣统通宝：铸于宣统年间（1909—1911 年），只有宝泉局铸造制钱，钱径 24 毫米，重约 4.5 克，钱质轻小，大者罕见，小钱钱径仅 19 毫米，重约 2 克。此外，宝广、宝福局有机制“宣统通宝”钱，宝云局铸有背穿上“山”“碘”等字。

新疆库车地区还铸有“宣统通宝”小平红钱，背穿左右为满、维文“乌什”、穿上下为“库十”，数量极少。宝藏银币停铸了一段时间后，于宣统时期又铸“宣统宝藏”，有库平二钱、库平一钱两种。同时还铸“宣统宝藏”铜币，有一分、半分两种。

◆ 清朝“宣统通宝”小平钱

清末太平天国时期

太平天国圣宝：铸于 1853 年定都天京后。钱文书体有宋体、楷书或隐起文等，钱有小平、折五、当十、当五十 4 种，宋体者还有似当百大钱，楷书者有铁、铅钱。面文“天国”“太平圣宝”“太平天国”或“天国圣宝”，背文“圣宝”“通宝”“天国”或“太平”，或钱背光面或有人像。“国”从“王”不从“玉”，以示王者之国。

传世有金、银质钱，均为伪造。还有伪造的铜钱，面“太平天国”，背“东王府”“祁天军”“当十”“当五十”“当百”；背穿左右“圣宝”穿上“京”等。

◆ 太平天国“天国圣宝”钱币

琳琅满目的机制币

机制币就是使用机器而非手工制作的各种金属货币。晚清腐朽的统治导致外国的金融入侵，一些新的货币元素涌入中国，其中之一便是机制币。从晚清到民国时期，机制币作为主要的货币种类，发行了很大数量。鉴赏和投资机制币，也是一件其乐无穷的事情。

清朝机制币

清末时期旧有的银两制度相当繁杂，加之外国银元大量流入，进一步推动了晚清货币金融的混乱。随着近代社会经济结构迅速改变，许多有识之士提出为适应历史发展趋势自铸银元的要求，倡议国家进行币制改革，将落后的银两制改为银元制。

清朝后期，许多先进的科学和技术从外国传入，光绪年间，清政府已经从国外购进了先进的造币机器，用于制造银元、铜元。广东率先使用机器制造无孔当十铜元。由于制造铜元的利润可观，各省便纷纷效仿。至此之后，货币的铸造工艺出现了巨大的变革，并且最终让有着两千多年历史的圆形方孔钱正式成为历史。

◆ 广东省“光绪元宝”银币四分

◆ 清朝银币龙洋一元

清朝银币

清末，清政府采用机器铸币，铸造出的银币统称为银元。由于银元在当时并无规定标准，因此每个地方的银元在图案、文字、重量和成色上区别明显，只是背面都铸有龙的图案，清朝银元因而被称为“龙洋”。

◆ 清朝宣统银币

乾隆二十八年（1763 年）之后，西藏地区效仿尼泊尔币铸造过银币。乾隆五十六年（1791 年）经过清政府统一，西藏正式铸造了乾隆宝藏银币，面值和规格都类似于尼泊尔银币，并在乾隆五十八年（1793 年）确定了银币的铸造法。随后经过了 160 多年，铸造了银币、铜币、金币并印制纸币，一直到西藏解放，统一使用人民币。

道光至同治时期（1821—1874 年），福建台湾地区曾经铸造了 6 种银饼，用来作为军饷，具体包括：道光年间（1821—1850 年）铸台湾寿星银饼、漳州军饷银饼、双如意银饼、笔宝银饼，同治元年（1862 年）铸嘉义寿星银饼、谨慎军饷银币。

咸丰六年（1856 年）上海也铸造了银饼，由王永盛、郁森盛、经正记三家沙船商号分别制造。

光绪八年（1882 年）吉林铸币局购制机器，在光绪十年（1784 年）开始打制吉林广平银元，分为一两、七钱、半两、三钱、一钱五分等几种面值。

◆ 漳州军饷银饼

光绪十年（1884 年），吉林铸币局首先铸造出了第一套机制银币“吉林广平银币”，面值则有一两、七钱、五钱、三钱、一钱等，吉林铸币局的铸币开创了中国机制币的先河。

清朝银元的类型主要有“光绪元宝”“宣统元宝”和“大清银币”，主要的面值则有库平七钱二分（一元）、库平三钱六分（五角）、库平一钱四分四厘（二角）、库平七分二厘（一角）、库平三分六厘（五分）5 种。

◆ 清朝光绪银币库平七钱二分

◆ 清德宗时期

清德宗光绪十五年（1889 年），张之洞于广州地区率先铸造了库平七钱三分“光绪元宝”银元，引起各地的迅速仿效。当时流入中国的外国银元重量都比七钱三分要轻，因此这批七钱三分“光绪元宝”银元逐渐将外国银元排挤出了货币市场。光绪十六年（1890 年），“光绪元宝”银元更改为七钱二分，并且规定为法定流通货币，广泛流通。这一版银币正面文字为“光绪元宝”，背面铸造蟠龙图纹，俗名为“龙洋”。面值分为五等，辅币的面值为：三钱六分、一钱四分四厘、七分二厘、三分六厘。张之洞在调任湖广总督后，于光绪二十年（1894 年）又在武汉铸造了湖北龙洋。此后，各省相继效仿，当时铸造龙洋的铸钱局有江南、北洋、浙江、安徽、奉天、吉林、湖南、福建、四川、云南等。光绪二十二年（1896 年），北洋机器局最先将硬币的面值改为元、角，主币为一元，辅币为五角、二角、一角、半角。主币名为银元，也被称为“龙洋”。辅币则叫作银角，也被称为银毫、小洋。

除龙洋之外，一些地区也曾经制造了其他纹饰的银元，如光绪二十八年（1902 年）四川地区铸造了带有光绪头像的银元，类型按重量分为三钱二分、一钱六分、八分等。这些银币主要在川藏地区流通使用，故而也被叫作四川卢比、藏元。西藏继乾隆宝藏银币之后又制造了“嘉庆宝藏”“道光宝藏”“官一统宝藏”以及“久松西著”“甘丹颇章”等银币。新疆地区曾经铸造了“天罡银币”“光绪银圆”“新疆饷银”“官一统元宝”等具有浓烈地方特色的银元。

◆ 清朝奉天省造“光绪元宝”银元七钱二分

◆ 逊帝时期

清逊帝宣统年间铸造的“宣统元宝”银元，形制类似于“光绪元宝”银元，也是以“元”为单位，面值包括一元、五角、二角、一角、五分等几种。各省按照本省情况进行铸造。宣统三年（1911 年）新疆喀什地区铸造了一批面值为五钱的“宣统银币”银元，民族色彩非常浓厚。

◆ 清朝“宣统银币”银元五钱

清朝金币

清朝政府在 19 世纪末和 20 世纪初曾经出现了建立本位制度的议论。也有人主张实行金本位制的（其实是虚金本位制，或者称为金汇兑本位制），因此在光绪丙午、丁未年间出现过大清金币和大清银币钱金样，丙午金币包括光边、齿边两种类型。金本位制并没有实施，所以大清金币也没有发行。新疆地区曾经铸造和流通过阿古柏金币和饷金一钱、二钱等金币。

◆ 清朝光绪丙午金币

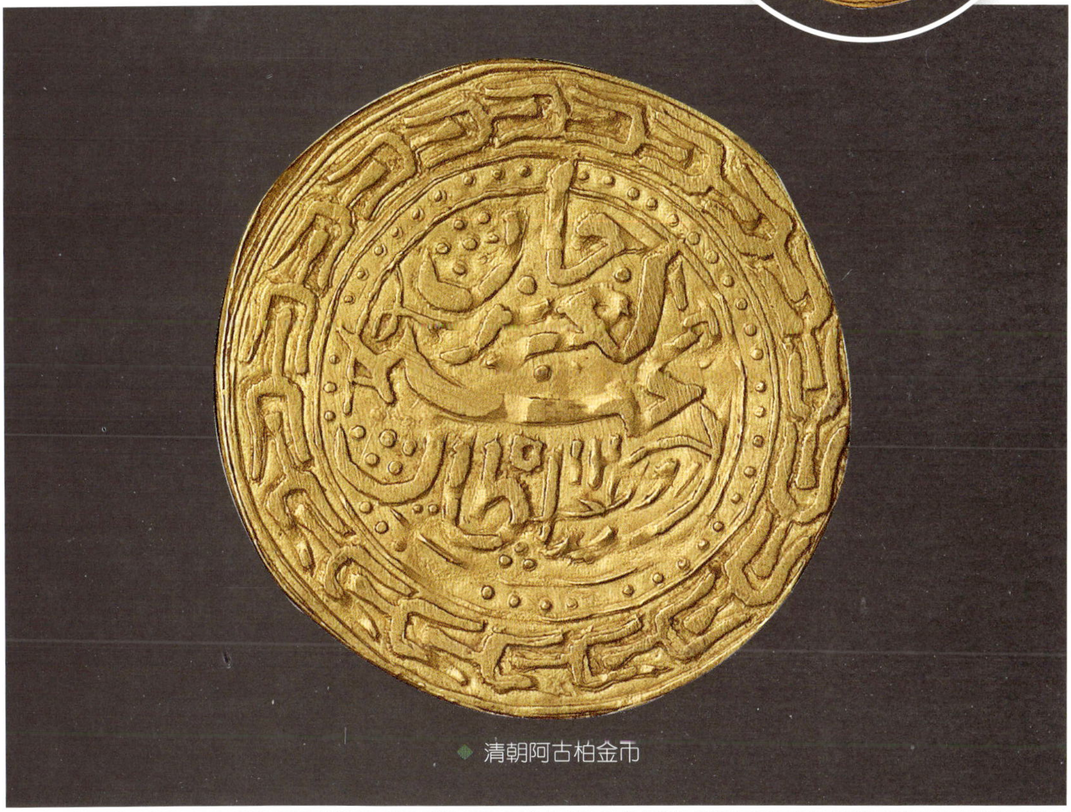

◆ 清朝阿古柏金币

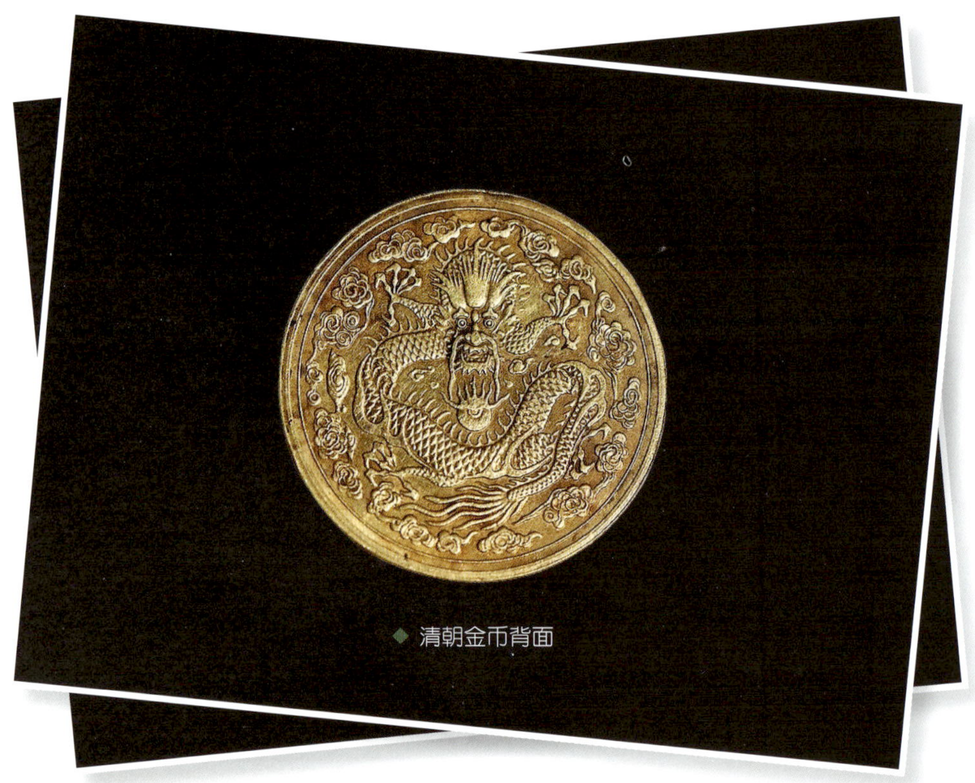

清朝金币背面

到清末民国时期，不但出现了金银币、金银纪念币，还出现了金银纪念章。1912 年，度支部造币总厂与度支部造币津厂（北洋银元局）合并后改名为中国财政部天津造币总厂。度支部造币津厂更名为西厂，专铸造铜元；原度支部造币总厂则更名为东厂，专铸造银元。1914 年 2 月，《中华民国国币条例》颁布，铸造有袁世凯头像的银币（民间俗称“袁大头”）被规定为国币。袁大头的铸造量非常大，从 1914 年开铸到 1917 年，铸造的总量为一亿八千余万元。随后杭州、南京及武昌还有一些分厂铸造同种银币，最终的发行量估计超过了五亿九千万元。这种银币在很长一段时间内流通于我国辽阔的疆域内，时间持续了几十年。1923 年 3 月 12 日，国民政府以总统敕令形式重新规定了国币的样式，俗称为龙凤币。民国时期，造币总厂曾经铸造了很多试样币和纪念币样式的金银币，如使用孙中山、袁世凯、徐世昌、曹锟、段祺瑞、褚玉璞、张作霖、张学良等政要名人的头像制作纪念币，铸造量并不大。1927 年，北伐战争胜利后，民国政府下令禁止袁世凯头像银元的流通，开始铸造带有孙中山头像的新币。

清朝铜元

清光绪年间，广东、湖北等地曾试用机器制造方孔铜钱，机制方孔圆钱的出现象征着铜钱流通的尾声。机制铜元是作为银元的辅币产生的，这种铜币基本取代了传统的方孔圆钱，并且成了一种重要的流通货币。光绪二十六年（1900年）两广总督李鸿章于广东地区率先开始制造铜元，钱币正面为“光绪元宝”，原来的方孔位置改成了满文“宝广”二字，上端环书广东省造，下端铸刻每百枚换一元；背面铸造龙纹图案，另外还有英文“广东”“一分”的字样。随后将银元作价修改成制钱，还将一文变为十文，将每一百枚换一元改为每一元当制钱十文，经过这些更改，“光绪元宝”铜元的基本格式便确定了。广东制造这种货币后各省纷纷效仿。清末铜元的具体面值分为二十文、十文、五文、二文和一文等，流通的主要面值则为十文和二十文铜元。四川还试制过三十文铜元，不过很少见。实际上五文以下的铜元流通量都很少。

◆ 清朝铜币二十文

◆ 清朝铜币十文

◆ 清朝铜元二分

◆ 清朝铜元二十文

中华民国机制币

中华民国元年（1912 年），民国政府开始着手铸造银币，铸造的银币有流通币和纪念币两类，银币的正面铸造袁世凯头像或孙中山头像。

中华民国银币

中华民国三年（1914 年），银元的币制最终统一。1914 年，北洋政府颁布《国币条例》，开始铸造带有袁世凯头像的银币，货币单位为元，重库平七钱二分，辅币则使用银、镍、铜材质制作，银辅币的面值包括半元、二角、一角。

在发行普通流通的袁头币的同时，南京临时政府和北洋政府曾经也铸造了许多纪念币，例如 1921 年南京造币分厂铸造的孙中山像中华民国开国纪念币。另外某些地方铸币局也铸造了一些地方银元，如四川的汉字银币；云南的唐继尧像银币、双旗银币；贵州的汽车银元、竹枝银元；新疆的饷银一两、五钱银元；西藏的秀恶果木银币等。另外，在广东、广西、福建、浙江等地都发行和流通银质的辅币。

袁世凯像银币签字版

中华民国十八年（1929年）实行废两改元制度，这一行为是想统一国币。当时的美、英、意、奥、日五国就曾经铸造过孙中山像银元，可是最后都没能发行。随后还出现了金本位币，也曾经试铸造过三鸟币，最终也没有正式发行。中华民国二十三年（1934年）《银本位币铸造条例》颁布，随后中央造币厂便开始铸造孙中山像银元，银元的背面图案为双帆船图案，因此得名“船洋”，铸造后广泛发行。一直到1935年11月，法币政策实行，银元从此退出流通市场。

中华民国船洋一元

◆ 孙中山像中华民国开国纪念币

孙中山像银币：铸于中华民国元年（1912年），南京造币厂使用红铜铸造了开国纪念币。1927年，袁世凯像银币禁止使用。天津、南京、浙江、四川等地区的造币厂沿用孙中山像开国纪念币的旧模，制造了孙中山像银币，并将这种钱币作为国币。当年还制造了孙中山陵园纪念银币和总理纪念银币，这些都属于纪念币。

◆ 袁世凯银元

袁世凯像银币：民间还有称呼为“袁头币”“袁大头”，这一货币在中华民国三年（1914 年）铸于天津造币总厂，正面的内容为袁世凯头像及铸造年代。袁世凯像银币的铸造量大，流通广泛，每枚重七钱二分，银含量为 89%。另外其他面值的半元、二角、一角银币，含银 70%，含铜 30%。在造币总厂之后，江南、武昌、杭州等地的造币分厂也开始铸造这种钱币。此外，当时也制造了袁世凯开国纪念币，通常用来馈赠和留念。到 1927 年，北伐胜利后，袁世凯像银币最终停止铸造。

◆ 袁世凯银元背面

中华民国金币

中华民国铸造的金币通常都是纪念金币和样币。真正发行的流通货币仅有袁世凯洪宪飞龙金币、中华民国八年（1919年）袁像金币、唐继尧金币、滇字金币，当银币拾元、伍元光背金币、中华民国十五年（1926年）山东龙凤金币、西藏色章果木狮像金币、新疆饷金一钱、饷金二钱等寥寥几种。

此外，还有许多使用银币、银章制造的银质纪念币、章，如孙中山开国纪念币以及袁世凯侧像、半侧像币、共和纪念币、飞龙纪念章等。

◆ 袁世凯洪宪飞龙金币

◆ 共和纪念币

◆ 中华民国铜元二十文

中华民国铜元

中国清末民初所铸造的各种新式铜币都被称为铜元，俗称“铜板”。铜元是我国近代货币体系当中的重要部分，最早出现于清朝光绪二十六年（1900 年）。铜元不同于历史上的方孔铜钱，中间无孔，整体形状仿照香港的铜质辅币。它的诞生意味着中国金属货币铸造工艺告别了传统手工翻砂铸造技术，进入了机器化生产的新阶段。

中华民国初期，铜元的混乱情况比清末更甚。中华民国元年（1912 年）天津造币厂曾经尝试铸造袁像共和纪念十文铜元，湖北、安徽等地区也相继铸造了开国纪念币。中华民国三年（1914 年）颁布了《中华民国国币条例》，详细规定了铜元的内容。中华民国五年（1916 年）铸造了面值为二分、一分、五厘的嘉禾圆孔铜辅币，其中二分币并未流通使用。

各地军、政当局把铸造铜元当成了聚敛财富的手段。当时江西、广东、广西、福建、台湾、山西、河南、甘肃、四川、湖南、云南、陕西以及东三省都在铸造铜元，导致许多劣质铜元进入市场。四川、河南等省份还铸造了当五十、当百、当二百的大面值铜元，并以此牟利，这些行为加速了铜元的贬值。

中华民国十七年（1928 年）通过《国币条例草案》，规定铜辅币为一分、半分两种面值。中华民国二十二年（1933 年）废两改元，铸造了嘉禾圆孔铜辅币，面值有二分、一分两种。中华民国二十四年（1935 年）11 月实行法币政策，宣布银币和铜币停止流通，宣告银、铜元时代的结束。

中华民国二十五年（1936 年）1 月，颁布《辅币条例》，将镍币和铜币规定为辅币，铜币的单位是分，作为法币的辅币，当年还铸造了带有古币图案的一分、半分铜辅币。

中华民国二十七年（1938 年）、中华民国二十八年（1939 年）铜辅币多数出自重庆、桂林等造币厂。中华民国三十七年（1948 年）还把一分的铜币当成了金元券的辅币，这种辅币由上海造币厂铸造。1949 年，国民党残余势力曾经在西南地区发行了五分、一分等铜辅币，贵州省的半分铜元则是最后流通的铜元。

中华民国铜币二十文

另外，20 世纪 30 年代时，伪满政权在东北地区也铸造了伪满洲国铜元，面额有一分、五厘两种。另外冀东政府发行的铜元有一分、五厘等面额。从中华民国八年（1919 年）到中华民国二十四年（1935 年），这个时期的铜元流通呈现出极度混乱的局面。地区性分割导致了铜币流通的局限性，市面上流通的铜币有清朝和民国的各类铜元，个别地区还流通大面额铜元，如四川的绝大部分、湖北、河南局部地区流通五十文至二百文不等的大面额铜元。这个时期的铜元五花八门，货币种类繁杂而混乱。

◆ 中华民国四川铜币五十文

◆ 中华民国开国纪念币（铜质）

中华民国二十五年（1936 年）至中华民国三十八年（1949 年），各地军阀逐步走向衰落，国民政府开始统一币制，并且有意控制了金融市场。这一时期国民政府发行的货币为纸币，铜元辅币也都被镍币代替。发行的铜元上通常都有党徽的图案等。至此，铜元走完了其短暂的历程，逐渐退出流通领域。

机制币的辨伪

近现代机制币的种类有金币、银币、镍币、铜币，此外那些机器打制的硬币也在此列。钱币类型有主币，也有辅币。既有普通流通币，也有许多种纪念币，还包括样币、错版币、精制币以及许多纪念章和造币的模具。辨伪的方法有以下几种：

观察图文。如果伪币是作假者自己制模伪造的，其图案纹饰、文字书体、浮雕的层次和清晰程度、边缘和钱币的光滑情况都和真币相差甚远，很多细小的区域和真币都不同，所以真伪对比的难度并不大。对于使用真币翻制的情况，可以观察立面的深度、清晰程度、光洁度以及钱币的神韵。假币在金属的质感、光亮度方面和真币差距明显。

◆ 光绪二十二年壹圆银币

不同时期、不同地区发行的机制币都有不同的特点，这些不同的风格，仿造者肯定不能完全领会，因而会露出破绽。如早期的军饷银饼以及后来的贵州币、新疆币等，仿制者的伪造品往往制作精细，但不够自然。还有清咸丰年间上海铸造的几种银饼，边缘阔狭，打制时通常都有移动的现象，仿造者故意伪造这些细节，便有做作的姿态。上海银饼在文字方面也有显著的特点，真币文字笔画，上细下宽，剖面的形状为宝塔形，伪造的人并不能注意到这些细节，其仿造的假币都是上下一样齐整的。

测试重量。假币的材质和真币材质相差甚远，所以其重量和真币的差距也是相当显著的。再加上伪造者的制造工艺受水平限制，在重量标准上肯定也不统一。用心的人，通过手感便会感觉不一样。

听其音响。真假币的材质不一，制造工艺不同，轻轻碰击时，发出的声响肯定也不一致。通常来说，真币的声音纯正，假币通常会听到杂音，杂音有的尖细，有的沉闷。

◆ 共和纪念银元

◆ 袁世凯银元苏维埃版

分析币材。假币的伪造者通常不清楚真币的原料配比和附加材料，所以通过成分分析，也能够辨别出真伪。

分析加工方法。国家造币厂使用的设备都很先进，管理和操作严格，流程规范，普通的造假根本不可能拥有如此专业的条件，因此，伪造的假币根本无法具备真币的精细程度。仿制币多因机器压力不足，铸造出来的钱币通常浮而不实，在纹路上也不够清晰、毛而不挺，字口很像使用墨书写的，通常都会有渗的感觉。

观察边缘的处理。通常真币的边缘光滑，丝齿的齿数、形状、深度、齿和齿的距离非常规则，伪造者一般不可能做到这点。

观察色泽。刚铸造出来的机制币带有光泽且光泽逼人，一般说只要是从民国时期流传到今天的制币，都有一层陈旧的包浆，给人一种自然的旧意。

第五章

源远流长的纸币收藏

纸币是使用柔软的物料（以纸张为主）制作的货币，通常由国家发行，是一种强制使用的货币符号。纸币是当今世界各国普遍使用的货币形式，中国是众所周知的世界上最早使用纸币的国家。从近代开始中国发行了现代意义的纸币，这些纸币通常都带有某一个时期的历史烙印，因此也具有了极高的收藏价值。

纸币简介

我国是世界上最早使用纸币的国家。宋朝淳化年间，四川地区的民间纸币——交子，已经在行使部分货币的职能，当时民间发行的交子称为“私交子”。北宋仁宗天圣元年（1023年），政府正式在四川地区设置了印刷交子的衙门，并于第二年正式发行官交子，这就是由政府发行的最早的纸币。

◆ 交子钱版

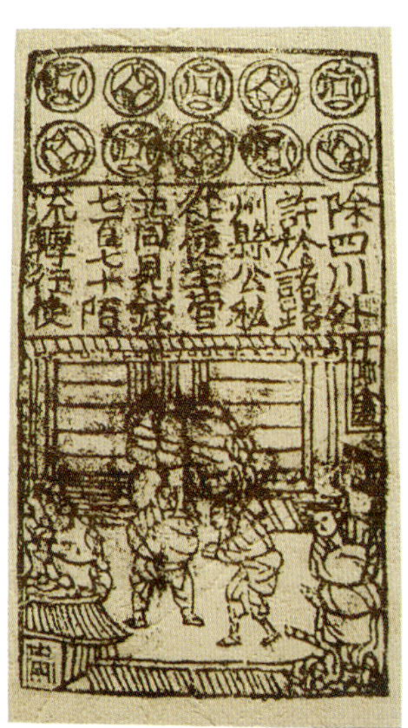

◆ 宋朝四川交子

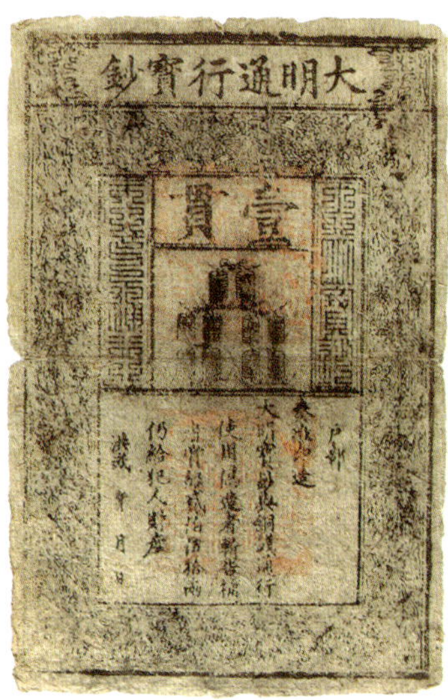

◆ 明朝银票

◆ 中华民国通用银元券

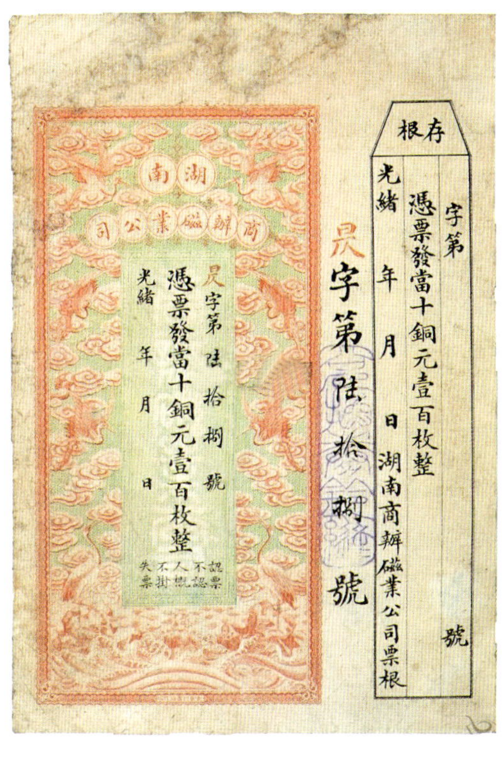

◆ 光绪年间的银票

关于纸币的定义，不同的学者、不同的文献各有说法。如《中国历代货币》当中就将纸币定义为国家发行并且强制流通的货币符号。而《中国东北地区货币》当中则将纸币定义为用纸印制的货币符号的通称。不同的书籍在定义上差异显著，可是却同时强调了纸币的货币符号作用，这也说明纸币虽然本身无价值，却可以代替足值的货币在市场上作为支付手段来交易。

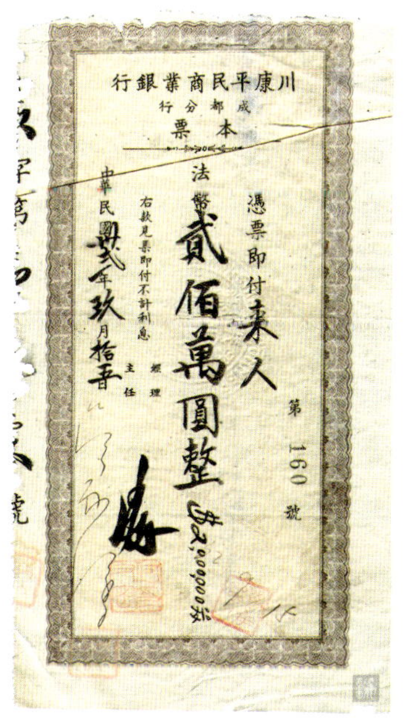

◆ 川康平民商业银行本票

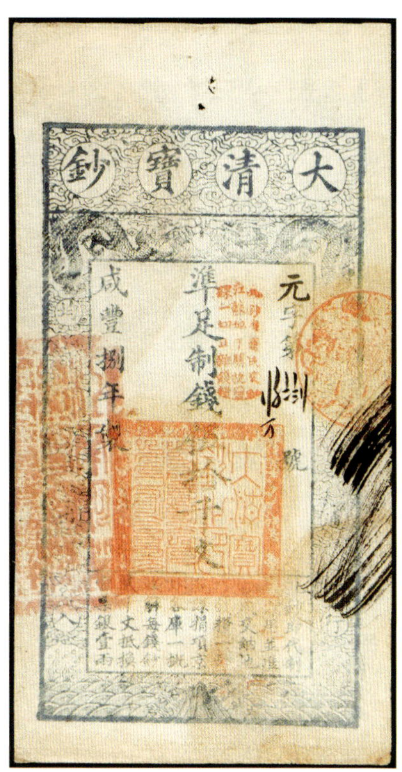

◆ 大清宝钞五万文

人们通常将纸币称为钞票。“钞票”这个词来源于咸丰时期印刷发行的大清宝钞和户部官票，当时的人们将两个名字加以组合最后就成了“钞票”一词。钞票与纸币之间不能画等号，两者有着本质上的不同。钞票只是纸币中的一类，人们平时说到的流通券、兑换券都是钞票，而纸币的范围则比钞票大多了，涵盖了其他形式。

◆ 流通券和样本票

流通券是政府发行的一种可流通纸币，票面上都有面值，有支付手段的功能。而在政府发行纸币的同时，还会同时发行一种与流通券图案一致、面值一样的样本票，这种票是给使用的部门对照、辨伪的。样本票既没有价值，也不能流通，因此，通常流通票是会被伪造的，样本票是不会被伪造的。所以当流通券中发现假票时，只要和样本票对照就能辨别真伪。有些时候，一些纸币只有样本票，没有正式流通的流通券。通常情况下是因为纸币印好后，出现了纸币贬值或银行倒闭等各种原因造成的。在流通卷当中，还有一种衍生出来的兑换券，兑换券通常都是用来兑换金属货币。中华民国二十四年（1935 年）以前，流通券与金属货币可以等值兑换，名义上流通券可以兑换银元，但实际上根本无法兑现，这种制度是名义上的。例如，富滇银行通用银元伍元券，在当时就难以兑换成等值的银元。

◆ 清朝三两银票

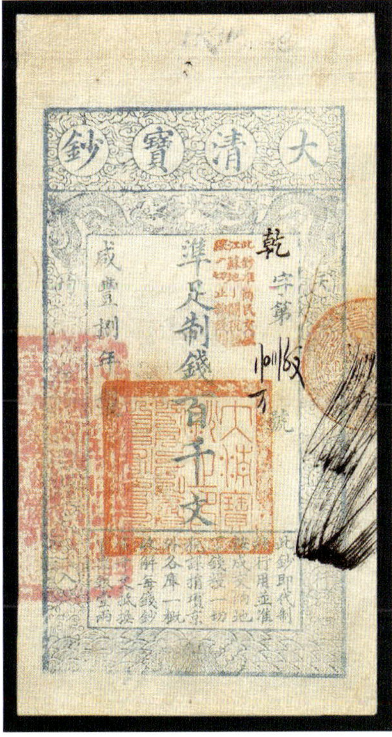

◆ 大清宝钞百千文

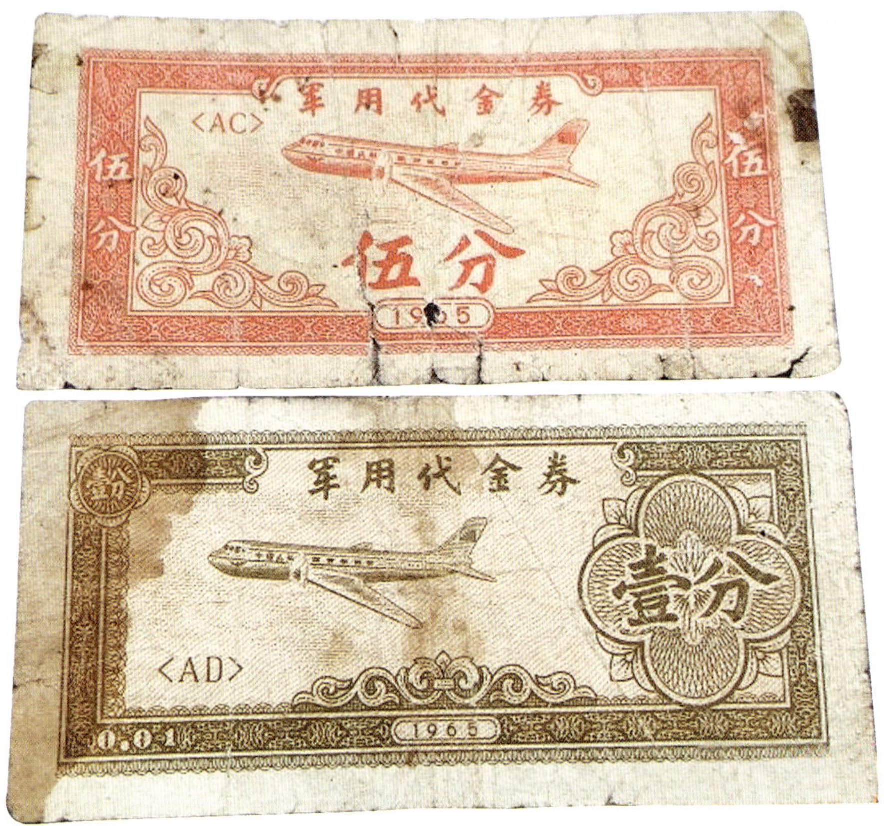

◆ 军用代金券

◆ 代用券

代用券一般都是低面值的纸币，这种纸币方便找零，还可以临时解决地方上的货币周转困难，通常都是私人店铺、公司、工厂等机构直接发行。代用券有很多不同的名称，这种票据的名字包括代价券、兑货券、工资券、购货券、乘车券等。抗战时期流通的铜元被日寇搜刮去制造炮弹、枪弹，因此在那些被日军占领的地区，如上海、天津等地的商店、公司、工厂等就会发行一角以下的代价券，这些代价券在结算的时候可以找零。一些信誉好、规模大的公司或商店，如大新有限公司、新新公司、大世界都会各自发行代价券。而一些小的商店或公司为了提高信誉，通常会联合起来一起发行代价券，如同记联合代价券、当铺联合代价券等。

◆ 本票和流通本票

这种货币通常都是银行之间的一种划款支付的凭证。民国时期曾出现过由银行发行的定额本票作为大额的票据在市场上使用的情况。例如，中华民国三十七年（1948 年）中央银行曾经出现过面值 1.8 亿元的东北流通券定额本票。另外，一部分省份为解决辅币缺少的问题，也曾用省银行名义发行过一些小额本票，用来当成货币使用。但这种本票由于面值高，印刷质量不够精细，很难防伪，通常只流通很短的一段时间。

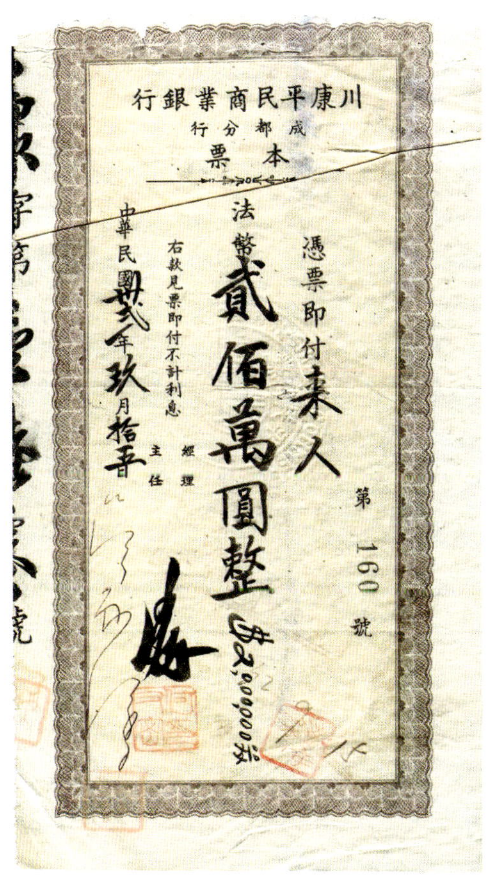

◆ 中华民国本票贰佰万圆整

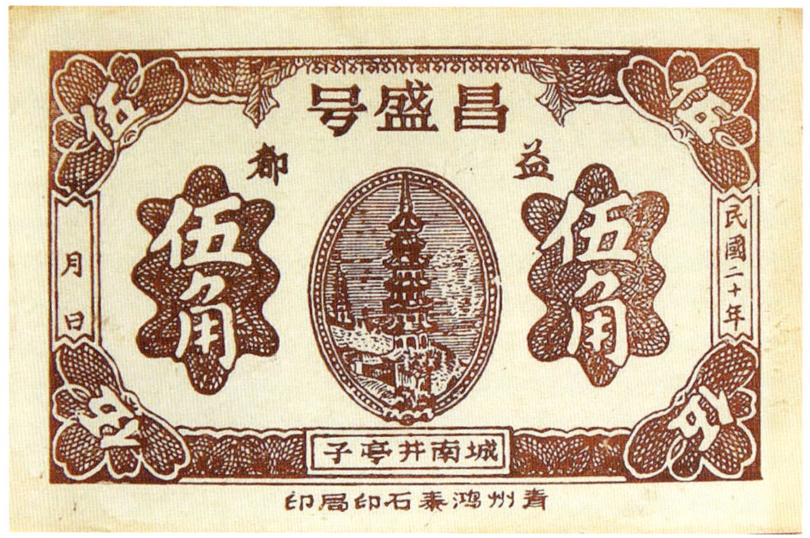

◆ 中华民国钱庄票伍角

◆ 私帖

私贴又称信票、凭帖、兑票、执照等。这种票据是清末民初由私人钱铺发行的，票据上都有面值或可随时填写款值。这种票据还可以做成银票或钱票，票式内容简单，取款的依据是印章。为了保险，规定了面生不付，付款须有保证人。

◆ 钱庄票

通常为直型，面值单位是吊、串、文，这种票据也是私人钱庄发行的，仅当地流通。钱庄票通常发行量不大，其编号年代还有手写的情况，但对印章很重视。钱庄票出现的地区主要有山东、山西、湖南、东北等地，种类多达上百种。

◆ 债券和期票

债券通常不能流通，但历史上也有过一些债券在市场上流通的情况。如东北黑龙江广信公司发行的周年四厘债券，就可以作为流通券来流通，并照付利息，付息时印上年代记号。即使可以流通，在券面上也有清晰标志为债券。期票，是一种到期支付不计利息的现金凭证。

纸币本身的种类是很丰富的，可是最主要的类型仍旧是流通券。

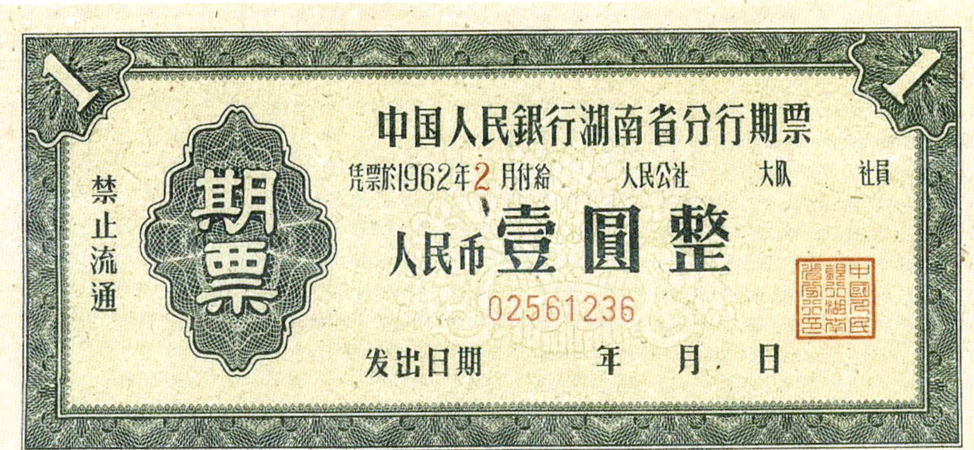
中国人民銀行湖南省分行期票
凭票於1962年2月付給 人民公社 大队 社員
人民币壹圓整
期票
禁止流通
02561236
发出日期 年 月 日
中國人民銀行湖南省分行

规 定 事 項

1. 本期票由中国人民銀行湖南省分行統一发行。
2. 本期票采取定額記名方式，不得当作人民币流通，不得买卖，不得轉讓，不得塗改，也不計利息。
3. 本期票必須由发出銀行盖章，方为有效。
4. 本期票兌付日期定为1962年2月10日至4月30日，由发出銀行通知持票人兌取。
5. 在兌付期間，持票人应向原发出銀行兌取同額的人民币，其他銀行概不代兌。
6. 本期票概不挂失。

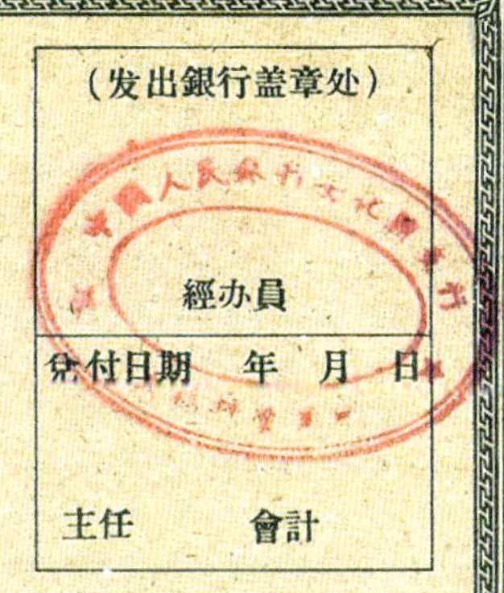
（发出銀行盖章处）
經办員
兌付日期 年 月 日
主任 會計

◆ 1962年·中国人民银行湖南分行期票壹圆整

宋朝纸币

从唐朝时期，中国的经济迅猛发展；特别是到了宋代，中国的经济在当时可谓世界之首。

随着生产力的不断提高，经济的进一步发展，为满足市场需求，更便捷、基数更大的货币应运而生。五代时期，四川等地就因流通货币不足发生了“钱荒”。然而，正是这场金融危机，催生了世界上最早的纸币——“交子”。

“交子”一词是四川地方方言，是票券的概称。一开始在市面上流通的“交子”，票面上只写有密码、花押间错，金额多是临时填写。后来，为了使市场更加规范，十几户富商联合开设了“交子铺”，开始统一发行交子，称为“私交子”，代替铁钱使用，纸面上有标记、暗藏密码，能兑换金银等，根据收入现钱贯数撰写数额，每交面额一贯，3 年为一界。兑现的时候会扣掉 30 文的纸墨钱。

随着私交子流通量日益增大和富商的衰败，“私交子”难以兑现。北宋仁宗天圣二年（1024 年），宋政府开始发行“官方交子”，成为了法定货币，在四川、陕西、河东（今山西一带）流通。在官方那里，“交子”实行分界发行，严格规定每次发行的“交子”的使用年限，过了规定期限就作废。数额固定，通常使用红、青（蓝）、黑等色彩进行套印，印有界分、年号、面额、字号料次、罚则、偿额、边框花纹、故事图以及本州州印。

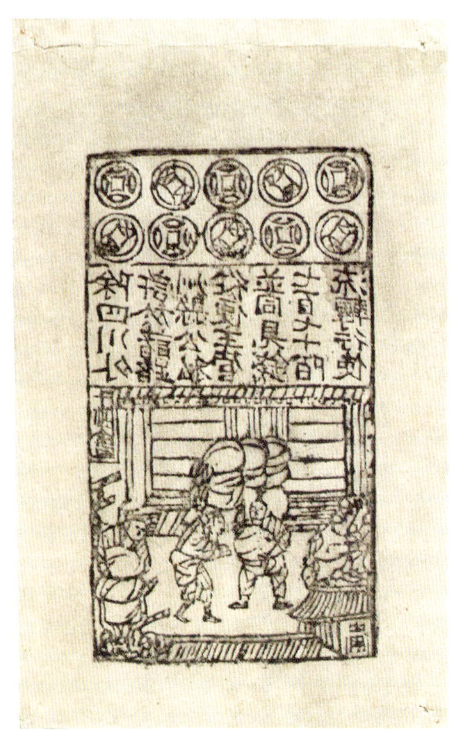

◆ 北宋“交子”旧版拓存

后来，由于市场需要，官方增加了“交子”发行额，进而导致交子严重贬值。为缓解这一危机，北宋徽宗崇宁四年（1105 年）使用“钱引”代替了“交子”。“钱引”是一种钱币的兑换凭证，以铁钱计价，票上印有面额、界分、年限及一些图案花纹。

南宋发行的纸币有“会子”“关子”等。

元朝纸币

元世祖忽必烈即大汗位后，于中统元年（1260 年）发行了“中统元宝交钞”，面额自壹拾文至贰贯分为十等。自发行后，中统元宝交钞便在全国流通，一直用到元末。

“中统元宝交钞”为树皮纸印造，钞纸长 164 毫米，宽 94 毫米，正面上下方及背面上方均盖有红色官印。正背左上方盖黑色长条形合同印。纸质柔软，颜色青黑。钞面上方横书汉文钞名“中统元宝交钞”。花栏内上部正中为金额，面额下为横置钱贯图。两侧竖写九叠篆汉字和八思巴文，右侧汉文“中统元宝”，八思巴文“诸路通行”；左汉文“诸路通行”，八思巴文“中统元宝”。钱贯图右为“字料”，左为“字号”。字料上方盖一活字似“微”，字号上方盖“师”字。钞面上下依稀可见各盖有红印一方。钞背有“至延印造元宝交钞”字样墨印一方。

至元二十四年（1287 年），忽必烈再次发行纸币，取名“至元通行宝钞”，以壹贯当中统钞五贯，同时并行。

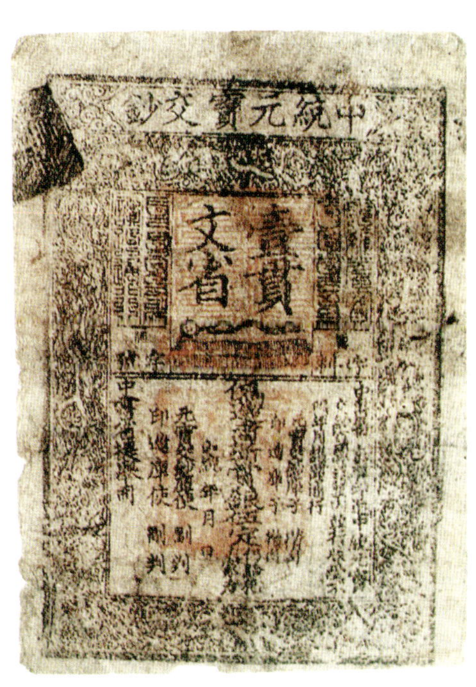

◆ 元朝“中统元宝交钞”纸币

“至元通行宝钞”，钞面共分四栏。第一栏为“至元通行宝钞”六个大字。第二栏为金额及铜钱图案，其上押八思巴文朱红大印，两旁为八思巴文。第三栏右为“字料”，左为“字号”二字。第四栏共十一行，七十八字。

武宗至大二年（1309 年），元朝政府发行“至大银钞”，但只流通了一年就被取消，重新印造中统钞和至元钞，直至元末。

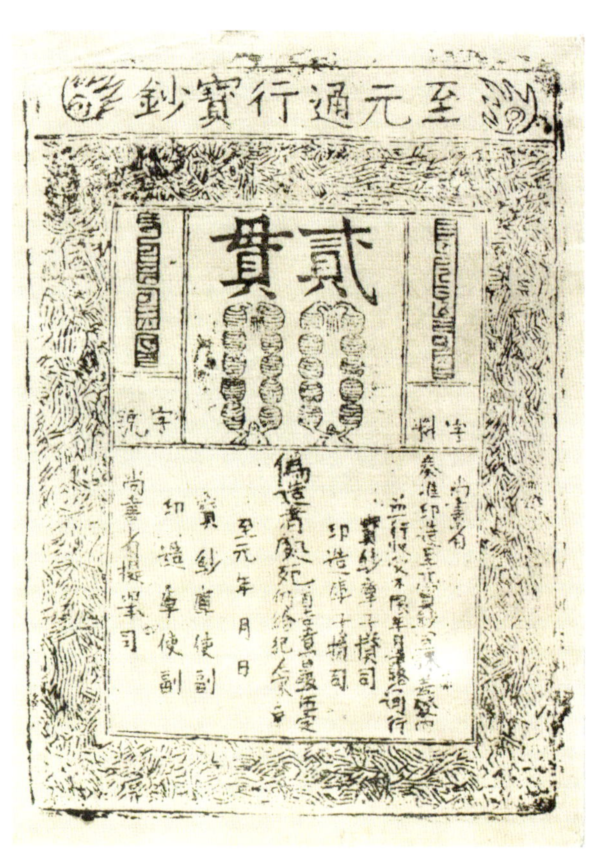

◆ 元朝“至元通行宝钞”纸币

明代纸币

为了适应社会经济的发展，明朝政府在洪武八年（1375 年）后，正式发行了“大明通行宝钞”。“大明通行宝钞”的面额有壹贯、伍佰、肆佰、叁佰、贰佰、壹佰文，分为六等。“大明通行宝钞”是明朝政府发行的唯一纸币，后由于纸币贬值，到了弘治年间（1488—1505 年）以后，宝钞制法已经废止不行。

“大明通行宝钞”的特征和元钞基本相同。据历史记载，明钞背面也出现了内容，背面印着钞票的面值。

◆ 明朝“大明通行宝钞”壹贯铜版

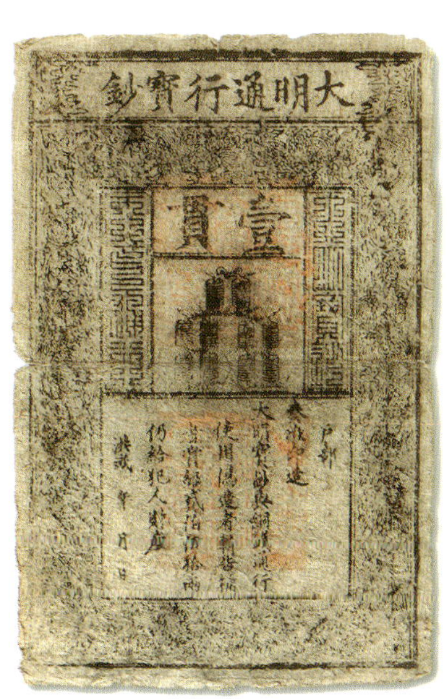

◆ 明朝“大明通行宝钞”壹贯纸币

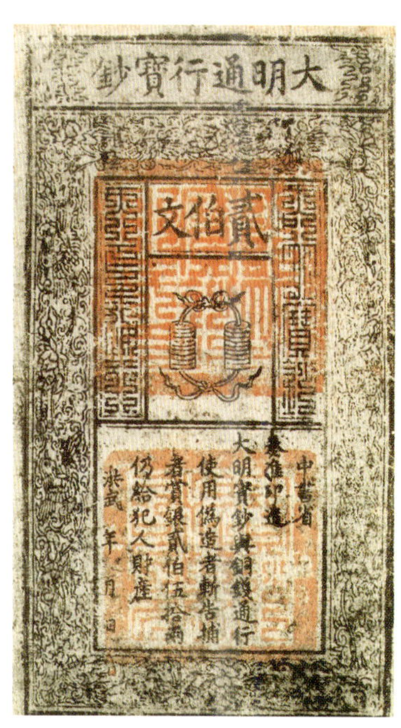

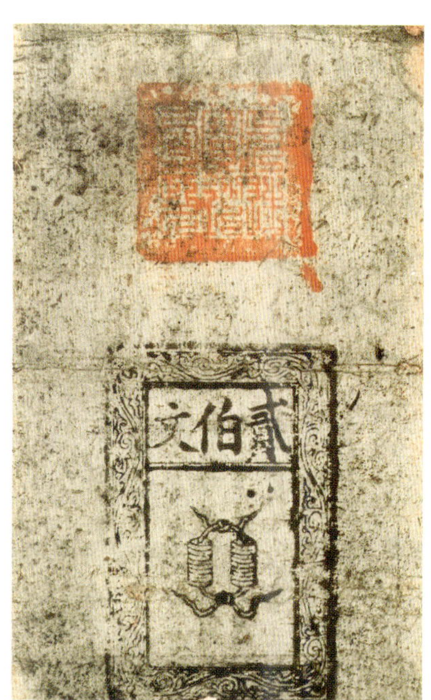

◆ 明朝“大明通行宝钞”贰佰文纸币

“大明通行宝钞”版面上首横书钞名“大明通行宝钞”，钞名下为龙纹花栏，花栏内上部正中金额，面额下制钱贯图，仿金元钞面的实物示意。贯钱两旁有篆书，右“大明宝钞”，左“天下通行”，下部文字为：“中书省奏准印造大明宝钞，与铜钱通行使用，伪造者斩，告捕者赏银贰佰伍拾两，仍给犯人财产。”

清代纸币

顺治八年（1651 年），清政府仿照明朝制造纸币，这种流通的纸币称为“钞贯”，和金属钱币兼行。顺治十八年（1661 年），清政府停止发行纸币。因为发行量小，回收彻底，因此至今没有清初发行的纸币遗存。

1840 年，鸦片战争爆发，西方列强不断入侵中国；国内连年战乱，清政府财政窘迫，于是再次发行纸币。

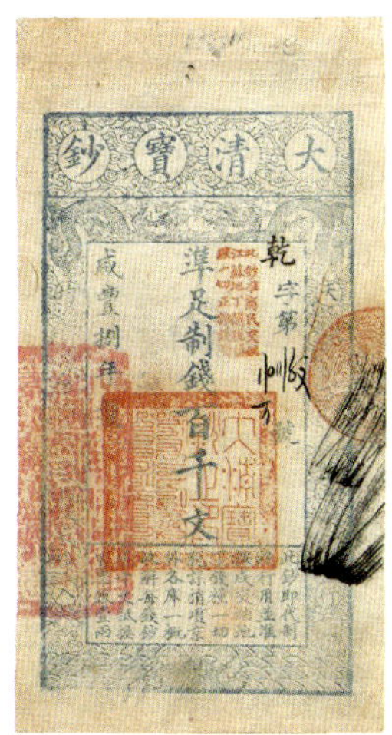

◆ 清朝“大清宝钞”百千文纸币

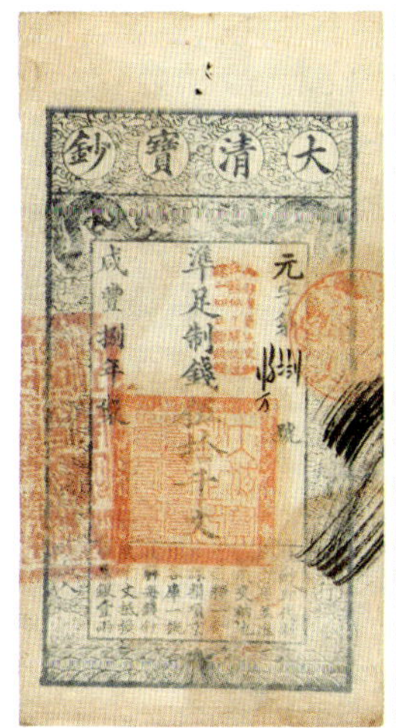

◆ 清朝“大清宝钞”伍拾千文纸币

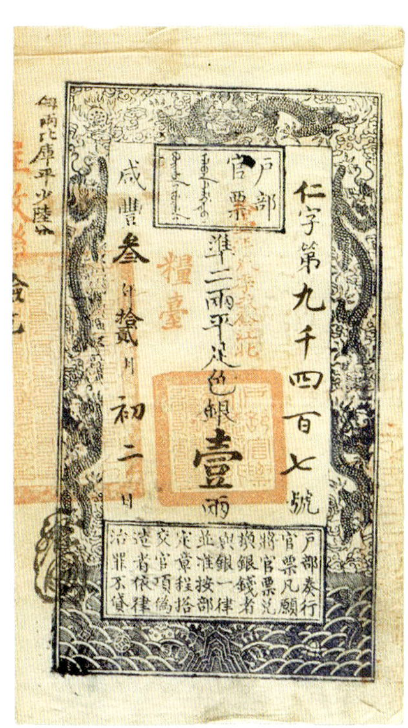

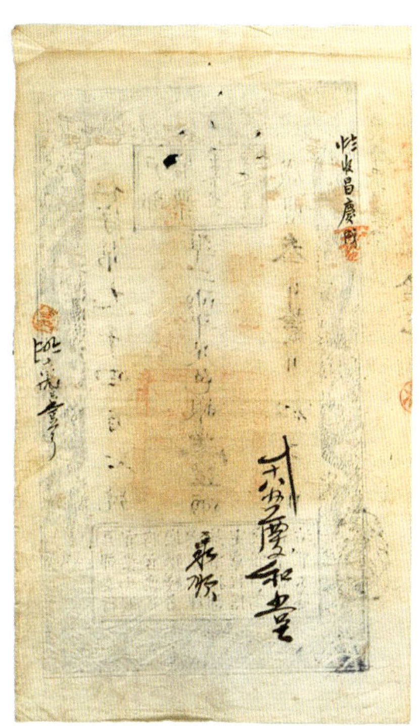

◆ 清朝咸丰三年“户部官票”壹两纸币

咸丰三年（1853 年），清政府分别发行了“户部官票”和“大清宝钞”，“钞票”之名便由此诞生。“官票”又称“银票”，分有壹两、叁两、伍两、拾两、伍拾两 5 种面额。“宝钞”又称“钱钞”，分有伍百文、壹千文、壹千伍百文、贰千文、伍千文、拾千文、伍拾千文、百千文 8 种面额。然而，由于各地方政府抵制钞票推行，使之难以流通，因此只流通了不到 10 年。

光绪二十一年（1895 年），北洋铁路局和“台湾民主国”分别发行纸币。新式纸币的票面由竖式改为横式，由大张改为小张，国外印制，票面有中文，也有英文，成为中国最早的新式纸币。光绪二十三年（1897 年），满清政府成立了中国第一家商业银行——中国通商银行，并开始发行银行兑换券。

光绪三十年（1904 年）清政府成立户部银行，并在第二年发行大清户部银行兑换券，分为银两票、银圆票和钱票 3 种类别。

光绪三十四年（1908 年），清政府改户部银行为大清银行。

由于当时盛行各地的官银号和官钱局发行纸币，因此各地官银号或官钱局在清末发行的纸币大多沿袭咸丰“户部官票”和“大清宝钞”形式。纸币的中央直书：凭票取 ×× 银 ×× 两或钱 × 文；右侧为直书编号，左侧为年号；中部上方为官银号或官钱局的名称；两侧印有“如有私刻假票者照私铸例治罪”的文字；纸币的背面为长篇告示及关防。

◆ 清朝光绪二十四年“山海关内外铁路局”壹圆纸币

中华民国纸币

清朝末期和民国初期，由于社会动荡不安，缺乏统一标准，因此纸币也极其混乱。这个时期，新旧纸币交错并存，政府、地方政权、私人以及外商发行的各类纸币同时通行。总的来说，民国纸币的发展可分为三个阶段：

（1）辛亥革命以后至 1935 年，国家银行、地方银行、商业银行、外资银行都各自发行纸币，多种纸币同时通行。因为纸币的发行权分散，导致纸币的发行和流通呈现出复杂混乱的局面，严重影响社会经济的发展。

◆ 中华民国“中国银行兑换券”广东伍圆纸币

◆ 中华民国“中国银行流通券”拾圆纸币

（2）1935—1942 年，这个时期国民政府开始实行货币政策。中央收回纸币发行权，只集中于中国银行、交通银行、中央银行和中国农民银行。

（3）1942 年 7 月以后，纸币的发行权归中央银行，市场上主要流通中央银行发行的纸币，不过个别地方银行还是在这一时期发行了地方流通券。

◆ 中华民国“交通银行流通券”北京壹圆纸币

国家银行纸币

中华民国元年（1912 年），各地“大清银行”统一更名为“中国银行”，其总行设在北京。与此同时，民国政府还制定了新的《中国银行则例》，规定其享有代理国库、经理和募集公债、特准发行钞票、铸造银币等权力。这个时候的中国银行，虽无中央银行名义，可是事实上已是中央银行。中国银行在全国各地设有分行，并发行国币券、兑换券、小银元券、铜元券等。

交通银行仍沿用旧名，开始发行银两券、国币券、辅助券、小银元券、铜币券 5 种钞票。总的来说，中国银行、交通银行，以及后来的中央银行都是以资本为主的银行，前两者更是北洋军阀政府的两大经济支柱。

后来，蒋介石亲自创办了中国农民银行，并赋予了军事护照和军用交通特权的权利。中国农民银行的总行设在上海，分行遍布全国各地。

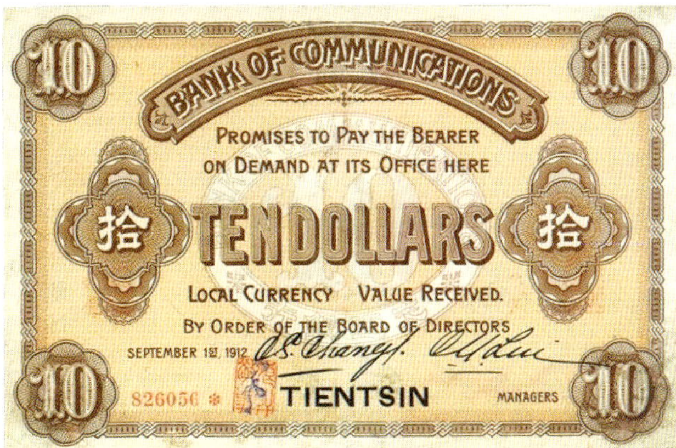

◆ 交通银行天津拾圆

◆ 中国银行兑换券广东拾圆

地方银行纸币

由于战乱、社会动荡等诸多原因，1935 年以前全国纸币并不统一，国家银行发行的纸币均分区流通，各地方银行发行的纸币也大部分限制流通，因此钱币上都印有地名。其中纸币上印有的最常见的地名是上海、天津、山东、哈尔滨、奉天、汉口、西安、重庆、浙江、江苏、厦门等。

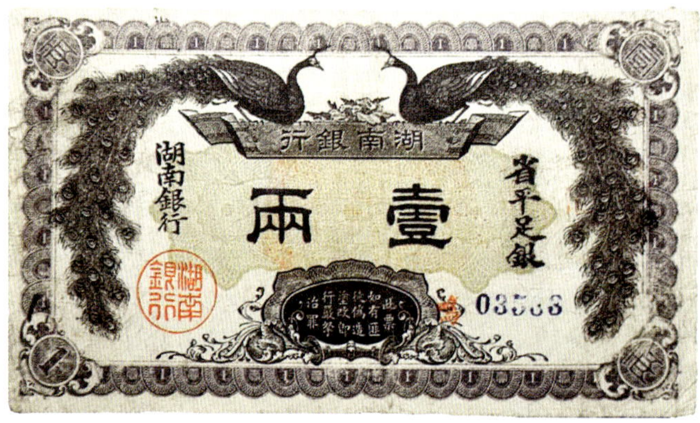

◆ 中华民国“湖南银行流通券”壹两纸币

发行纸币的时候，由于考虑到分区发行，因此在同一种纸币上不同地名券的底纹、颜色等均有区别。发行时，把印好的同一种纸币临时加盖上地名，然后作为区域性流通纸币。其中以加盖市、县名称最为常见，如交通银行中华民国十六年（1927年）版的山东地名券，可临时再加盖龙口、青岛、济南、威海卫、烟台等市、县名，然后被各个地方使用。如广西银行中华民国元年（1912年）版的纸币上加盖有桂林、梧州、龙州、郁林、南宁、柳州6种地名。山西银行中华民国十九年（1930年）版纸币上加盖的地名最为复杂，有太原、阳泉、文水、洪洞、长治、运城等，达二十多种。这些盖有地方名的纸币，一般情况下不能跨区域流通。

◆ 中华民国“广东省银行兑换券”伍圆纸币

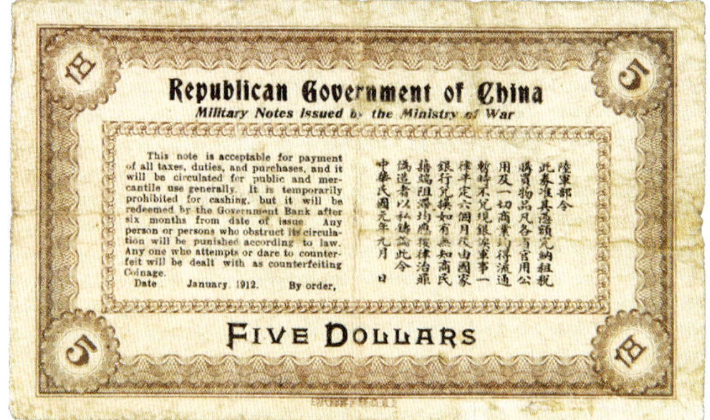

◆ 中华民国“陆军部发行军事用票”伍圆纸币

军用票

军用票是一种专为某一军事活动发行的纸币。一旦军事活动停止，相应的军用票也会停止发行，然后集中收回。因此，军用票具有发行流通时间短、区域性强的特点。

民国时期，政府军阀混战、战事不断，因此发行了很多军用票，主要有辛亥革命前后的军用票、讨阀袁世凯和平定南方战事的军用票、北洋军阀混战时期的军用票、北伐战争时期的军用票、国民党中原大战时期的军用票以及抗日战争时期的军用票等。

为了发行军用票，政府还专门设立了随军银行。这些随军银行，常常以某种名义发行军用票，然后在纸币上印军用标志。如冯玉祥设立的西北银行、中华银行在上海发行的民国军用票、张宗昌印发的山东军用票、阎锡山的民国陆海空军总司令部战时通用票、大本营度支处发行的军用票、国民军金融流通券等，这些军用票都是专为军事活动而发行的。

还有一种军用票，上面没有任何军用标志。如在武汉国民政府期间，就出现过为集中现金渡过经济难关，而利用江西银行的纸币加盖“集中现金”及“中央银行江西分行代理发行”用作军用票的情况。

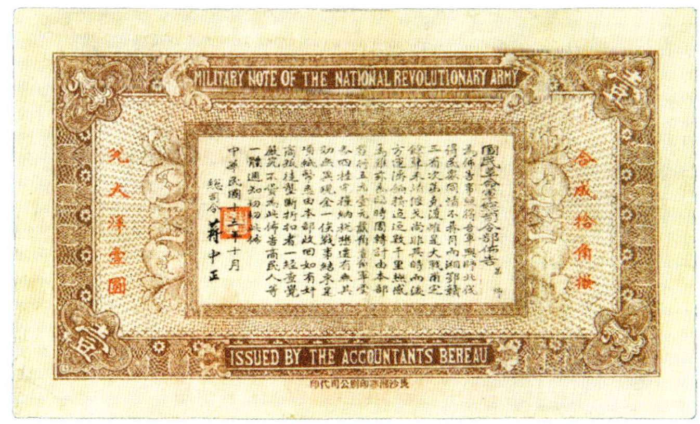

◆ 中华民国“国民革命军总司令部军需券”壹角纸币

有些时候，军用票和各地银行纸币非常难以区分，特别是那些没有任何军事标志或者根据可供辨别的纸币。纸币爱好者在收藏和投资这些纸币的时候就需要参考更多的资料，以便进行“身份”认证。

◆ “山东省军用票”贰角纸币

商业银行纸币

近代的中国，由于受到资本主义的影响，出现了与中央银行、中国银行、交通银行相对的商业银行。这一时期，市场上主要有三大类商业银行发行的货币：西方色彩银行货币、东方色彩银行货币和中外合资银行货币。

◆ 中华民国“德华银行流通券”北京壹佰圆

◆ 中华民国“美商花旗银行”上海拾圆纸币

◆ 西方色彩银行纸币

通常情况下，西方色彩银行发行的货币，正面一般中、外两种文字并存，通常既有中文行名，又有外文行名；因为发行时间的不同，因此在同一版纸币上的签名也不同。西方色彩银行发行的纸币，图案多为发行国家象征性的标志，如德华银行为“鹰”、美商花旗银行的“两个半球上的鹰”、英商汇丰银行的“双狮”、华比银行的“狮和龙”等。

◆ 东方色彩银行纸币

和西方色彩银行发行的纸币相比，东方色彩银行发行的纸币正面只有中文行名，背面为英文或中文行名，与国内银行发行的纸币有很多相似之处。如华商上海信诚银行、横滨正金银行等机构所发行的纸币。

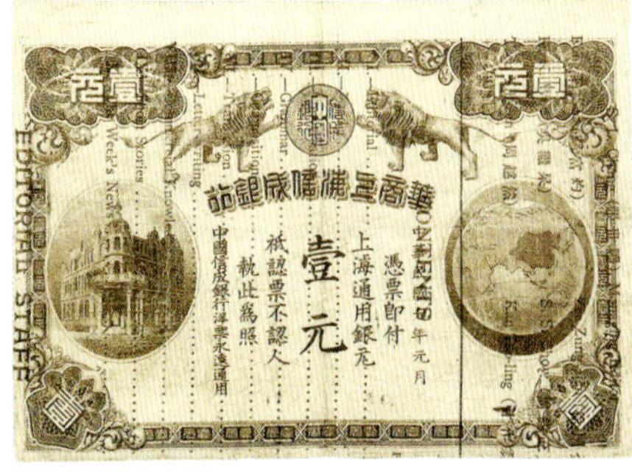

◆ 中华民国“华商上海信诚银行流通券”壹元纸币

◆ 中华民国“横滨正金银行汉口通用银圆”汉口壹圆纸币

◆ 中华民国“北洋保商银行流通券”壹百两纸币

◆ 中外合资银行纸币

中外合资银行发行的纸币虽然也印有代表资本主义国家的图案，如中法实业银行（中法合资）、中华汇业银行（中日合资）、华威银行（中国挪威合资）、北洋保商银行（中、日、德合资）、中法振业银行（中法合资）、福建美丰银行（中美合资）、震义银行（中意合资）、中华懋业银行（中美合资）等，但由于这些银行成立较晚，并且有部分国外资金，因此也能够把它们称为商业银行。在纸币特点上，中外合资银行发行的纸币和中国近代纸币总体没有太大区别。

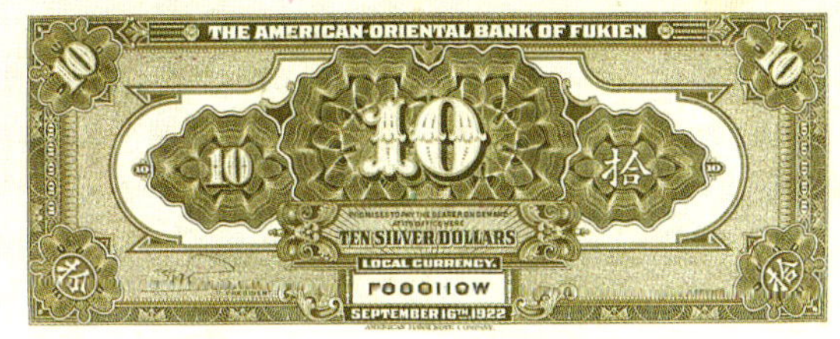

◆ 中华民国“福建美丰银行流通券”福州拾圆纸币

私钞票贴

私钞票贴是一种在清末民初由私人钱铺发行的纸币。私钞票贴可随时填写或印制有面值的票据，可以是银票或钱票。私钞票贴票式简单，主要凭印章汇兑，且规定面生不付，需有保人才能付给现金。私钞票贴种类繁多，如兑票、凭帖、信票、执照等都是私钞票贴。东华门外德昌钱铺的凭帖取二两平松江银叁拾两、德升荣的凭帖取钱仟文等这些私帖的编号都为手书，有的还没有年号，都为即期支付。后来，这种私帖被统称为“会票”，即此地取票、彼地取值的凭证，十分类似于今天人们使用的汇票、支票，如万春堂徐开给福顺德宝号的兑票。其实，要是严格来划分，这种票券不算纸币，它的性质介于支票和流通券之间。

后记

POSTSCRIPT

钱币具有非常悠久的历史，当人类刚刚迈入文明社会的初期，钱币便伴随着交换的需求而出现了。钱币发展到今天，不仅仅在材质上出现了巨大的变化，而且在形式上也发生了天翻地覆的变革，从具体的实物货币，到现在的电子货币，这些货币都从不同的角度展示出了钱币的发展历史。

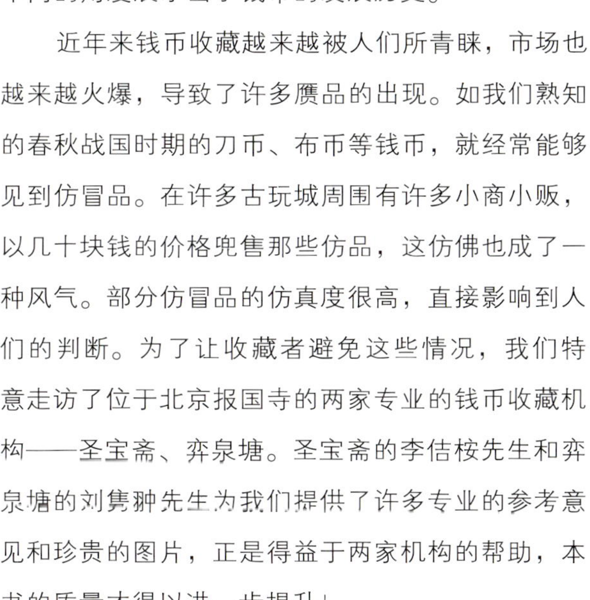

近年来钱币收藏越来越被人们所青睐，市场也越来越火爆，导致了许多赝品的出现。如我们熟知的春秋战国时期的刀币、布币等钱币，就经常能够见到仿冒品。在许多古玩城周围有许多小商小贩，以几十块钱的价格兜售那些仿品，这仿佛也成了一种风气。部分仿冒品的仿真度很高，直接影响到人们的判断。为了让收藏者避免这些情况，我们特意走访了位于北京报国寺的两家专业的钱币收藏机构——圣宝斋、弈泉塘。圣宝斋的李佶桉先生和弈泉塘的刘隽翀先生为我们提供了许多专业的参考意见和珍贵的图片，正是得益于两家机构的帮助，本书的质量才得以进一步提升！

钱币承载着历史和文化，通过收藏钱币，我们能够充分地了解各个时期历史，不仅能充实我们的学识，也能够给生活增添色彩。希望读者朋友通过阅读本书了解到古钱币的收藏知识，提高鉴赏和收藏古钱币的能力。

● 总 策 划

王丙杰　贾振明

● 责任编辑

张杰楠

● 排版制作

腾飞文化

● 编 委 会（排序不分先后）

玮　珏　苏　易　肖　斌
姜　宁　玲　珑　伊　记
夏　洋　青　铜　田文轩

● 责任校对

姜菡筱　宣　慧

● 版式设计

张玉婷

● 图片提供

黄　勇　李佶桉　刘隽翀

北京报国寺圣宝斋

北京报国寺弈泉塘

币海拾贝